全国工会工作指导用书

依据中国工会十八大文件精神组织编写

U0665780

基层工会
劳动保护与监督检查工作实务

（全新修订版）

张安顺　王文娟　寇　煜◎编著

人民日报出版社

图书在版编目（CIP）数据

基层工会劳动保护与监督检查工作实务／张安顺，
王文娟，寇煜编著. --北京：人民日报出版社，
2023.10

ISBN 978-7-5115-8006-1

Ⅰ.①基… Ⅱ.①张…②王…③寇… Ⅲ.①劳动保
护–工会工作–中国 Ⅳ.①D412.64

中国国家版本馆 CIP 数据核字（2023）第 193459 号

书　　名：**基层工会劳动保护与监督检查工作实务**
　　　　　JICENG GONGHUI LAODONG BAOHU YU JIANDU JIANCHA GONGZUO SHIWU
作　　者：张安顺　王文娟　寇　煜

出 版 人：刘华新
责任编辑：刘天一　杨　瑾
封面设计：陈国风

出版发行：人民日报出版社
地　　址：北京金台西路 2 号
邮政编码：100733
发行热线：（010）65369527　65369846　65369509　65369510
邮购热线：（010）65369530　65363527
编辑热线：（010）65369844
网　　址：www.peopledailypress.com
经　　销　新华书店
印　　刷　北京柯蓝博泰印务有限公司

开　　本：170mm×240mm　　1/16
字　　数：260 千字
印　　张：16
版次印次：2024 年 1 月第 1 版　　2024 年 1 月第 1 次印刷

书　　号：ISBN 978-7-5115-8006-1
定　　价：76.00 元

前言

工会劳动保护工作是法律赋予工会组织维护职工安全健康权益的一项重要职责，是工会工作的重要组成部分，在我国安全生产和职业病防治工作中占有重要地位、发挥重要作用。加强工会劳动保护工作，是促进企业安全发展的有效举措，是维护职工安全健康权益的必然要求，是团结动员广大职工为国家安全生产和职业病防治形势持续稳定好转建功立业的具体体现。新时代工会劳动保护工作只能加强，不能削弱；只能改进提高，不能停滞不前。做好工会劳动保护工作，必须建设一支高素质的工会劳动保护干部队伍。为了适应工会劳动保护干部学习培训的需要，帮助工会劳动保护干部学习掌握国家安全生产和职业病防治的法律法规，学习了解劳动保护业务知识，提升业务水平和工作能力，我们组织编写了本书。本书以国家有关安全生产、职业病防治的法律法规为依据，紧密联系工会劳动保护工作实际，具有较强的针对性、实用性，内容全面、简明实用。每章都附有思考题和典型案例，可作为工会劳动保护干部学习培训的有益教程。

本书在编写过程中参考了大量有关书籍和资料，在此向有关作者表示诚挚感谢。

目录

第一章　劳动保护概述

第一节　劳动保护的概念与作用

一、劳动保护的概念

劳动保护，也叫劳动安全卫生，是指根据国家法律法规，依靠技术进步和科学管理，采取组织措施和技术措施，消除危及人身安全健康的不良条件和行为，防止生产事故和职业病的发生，保护劳动者在劳动过程中的安全与健康。劳动安全卫生是劳动者实现宪法赋予的生命权、健康权的具体保障。劳动安全与卫生，既是相互联系又是彼此独立，共同组成劳动者劳动保护的屏障。劳动安全是指用人单位应保证劳动场所无危及劳动者生命安全的伤害事故发生。劳动卫生是指用人单位应保证劳动场所无危及劳动者身体健康的慢性职业危害发生。

在社会主义制度下，国家对劳动者的保护是多方面的，凡是关系到劳动者切身利益的事项，如劳动就业权、劳动报酬权、休息休假权、职业培训权、社会保险权等，国家都要加以保护。我们这里所说的劳动保护，主要是指对劳动者在劳动过程中的安全与健康的保护。

在劳动过程中，由于作业场所环境和劳动条件的限制，存在各种不安全、不卫生的因素。如：使用电气设备，可能触电，发生电击伤；使用压力机、剪切机，可能造成机械伤害；操作锅炉、压力容器，可能发生爆炸；矿井作业，可能发生瓦斯爆炸、冒顶、片帮、水灾、火灾；建筑施工，可能发生高空坠落、物体打击；交通运输，可能发生车辆、船舶、飞机伤害；粉尘作业，可能发生尘肺病；有毒作业，可能发生职业中毒；从事通信工作，可能受到电磁波伤害；开发和利用核能，可能受到放射线的伤害；等等。针对这些不安全、不卫生因素，如果不采取切实可行的措施予以防止和消除，就可能发生伤亡事故或产生职业病，危及劳动者的安全与健康，影响生产工作的顺利进行。所以我们要不断改善劳动条件，加强劳动保护，预防生产事故和职业病的发生，为劳动者创造安全、卫生、舒适的工作环境。

二、劳动保护的作用

加强劳动保护，事关人民群众的生命和财产安全，国民经济全面、协调、可持续发展以及社会稳定的大局，是我们党和国家的一项基本政策，也是企业管理的一项基本原则。劳动保护的作用主要如下。

(一) 有利于保障人民群众生命和财产安全，维护劳动者的合法权益

劳动者是社会物质财富和精神财富的创造者，是生产力中最积极、最活跃的因素，也是生产安全事故的最直接、最严重的受伤害对象。劳动者在从事生产经营活动中存在许多不安全因素和不确定状态，如果不具备安全生产条件、不采取安全保护措施，或者违反安全操作规程，往往容易引发安全生产事故，造成人身伤亡。这不仅给劳动者和他们的家庭带来很大痛苦，也会给国家和社会造成很大危害。因此，在劳动过程中，随着经济发展和科技进步，必须不断改善劳动条件，切实搞好安全生产，最大限度地减少伤亡事故的发生，从而保障人民群众的生命和财产安全。

(二) 有利于确保生产经营活动的正常进行，促进社会生产力的发展

社会主义的根本任务是发展社会生产力。而发展社会生产力，首先要保护生产力，最主要是保护劳动者。科学发展，首先要安全发展。习近平总书记明确指出，人命关天，发展决不能以牺牲人的生命为代价。这必须作为一条不可逾越的红线。只有高度重视劳动保护，不断改善劳动条件，消除劳动生产中的各种不安全因素，防止伤亡事故的发生，才能保障劳动者的安全，才能保障生产经营活动的正常进行。同时，加强劳动保护是和采用先进技术实现生产过程的机械化、自动化，以及改进操作方法等密切相连的，这样，不仅可以大大改善劳动条件，也能促进劳动生产率的提高。而且，加强劳动保护，改善劳动条件，还有利于激发广大劳动者的劳

动热情和劳动积极性，促进社会生产力的发展。

（三）有利于保持社会稳定，并在此基础上保证社会和谐

社会稳定是社会和谐的基础，是改革发展的前提条件。如果生产安全事故不断发生，劳动者生命得不到保障，将会使广大劳动者感到不满，严重时还可能使人民群众对党和政府为人民服务的根本宗旨产生疑虑和动摇。而且，生产安全事故的发生，不但会给国家和用人单位带来经济损失，还会给劳动者本人造成伤害和痛苦、给其家庭带来不幸，也可能会给社会带来不安定因素。因此，只有切实加强安全生产，防止生产安全事故的发生，才能从根本上消除这些影响安定团结的因素。

三、劳动保护工作的任务

劳动保护工作的任务是，采取积极有效的组织管理措施和工程技术措施，保护劳动者在劳动过程中的安全与健康，促进经济社会高质量发展。具体分为以下几个方面。

（一）安全技术。采取各种保证安全生产的技术措施，控制和消除生产过程中容易造成生产安全事故的各种不安全因素，减少和杜绝生产安全事故，确保劳动者生命安全。

（二）劳动卫生。采取各种保证劳动卫生的技术措施，改善作业环境，防止和消灭职业病及职业危害，保障劳动者的身体健康。

（三）劳动条件。改善劳动条件，减轻劳动强度，为劳动者创造舒适、良好的作业环境。

（四）工作时间与休假。安排好劳逸结合，严格控制加班加点，保证劳动者有合理的休息时间，使劳动者能经常保持健康的体魄、高涨的热情和充沛的精力，保证安全生产，提高劳动效率。

（五）女职工和未成年工的保护。根据女职工和未成年工的生理特点，依法对他们进行特殊劳动保护。

第二节　我国安全生产工作的指导思想、方针和机制

《中华人民共和国安全生产法》（以下简称《安全生产法》）第 3 条规定："安全生产工作坚持中国共产党的领导。安全生产工作应当以人为本，坚持人民至上、生命至上，把保护人民生命安全摆在首位，树牢安全发展理念，坚持安全第一、预防为主、综合治理的方针，从源头上防范化解重大安全风险。安全生产工作实行管行业必须管安全、管业务必须管安全、管生产经营必须管安全，强化和落实生产经营单位主体责任与政府监管责任，建立生产经营单位负责、职工参与、政府监管、行业自律和社会监督的机制。"这一规定，明确了我国安全生产工作的指导思想、方针、原则和机制。安全生产工作的指导思想、方针、原则和机制是立法价值取向和制度构建的重要基础，并随着经济社会不断发展而发展、充实和完善。2021 年 6 月 10 日第十三届全国人民代表大会常务委员会第二十九次会议通过的《关于修改〈中华人民共和国安全生产法〉的决定》，将近几年安全生产领域改革发展中不断发展的指导思想和原则要求，在法律中予以明确，作为当前和今后一个时期安全生产工作的根本遵循。

一、安全生产工作的指导思想

（一）安全生产工作坚持中国共产党的领导

当前，我国正处在工业化、城镇化持续推进进程中，生产经营规模不断扩大，传统和新型生产经营方式并存，各类事故隐患和安全风险交织叠加，生产安全事故易发多发的特点仍然比较明显。针对这些新情况和新问题，党中央统筹全局、协调各方，持续推动安全生产领域改革发展取得新进展，特别是 2016 年 12 月印发的《关于推进安全生产领域改革发展的意

见》（以下简称《意见》），作为新中国成立以来第一个以党中央、国务院名义出台的安全生产工作的纲领性文件，对新时代我国安全生产领域改革发展的指导思想、基本原则、目标任务和具体措施提出了明确要求。《意见》提出，地方各级党委要认真贯彻执行党的安全生产方针，在统揽本地区经济社会发展全局中同步推进安全生产工作，定期研究决定安全生产重大问题。

（二）安全生产工作的基本理念

中国特色社会主义进入新时代，安全生产工作的理念不断发展、丰富和完善。此次修改《安全生产法》，贯彻落实党中央要求，结合近年来安全生产理念的发展，对有关规定作了进一步完善。一是安全生产工作以人为本，坚持人民至上，生命至上，把保护人民生命安全摆在首位。以人为本，就是要以人的生命和健康为本。作为生产经营单位，在生产经营活动中，要做到以人为本，就要以尊重职工、爱护职工、维护职工的人身安全为出发点，以消灭生产经营活动中的潜在隐患为主要目的。要关心职工人身安全和身体健康，不断改善劳动条件和工作环境。真正能做到发展为了人，发展依靠人，绝不能以牺牲人的生命作为代价发展经济。具体来讲就是，当人的生命健康与生产经营单位经济效益、财产保护发生冲突时，首先应当考虑人的生命健康，而不是考虑经济效益和财产利益。二是树牢安全发展的理念。坚持以人民为中心的发展思想，既要让人民富起来，又要让人民的安全和健康得到切实保障。发展是安全的基础和保障，安全是发展的前提和条件。血的教训表明，诸多事故都是"重发展轻安全、重效益轻安全"种下的苦果。发展理念上的失向、失序、失衡，往往是最大的风险隐患。安全发展理念要求在安全生产工作中坚持统筹兼顾，协调发展，正确处理安全生产与经济社会发展、安全生产与速度质量效益的关系，坚持把安全生产放在重要位置，促进区域、行业领域的科学、安全、可持续发展，绝不能以牺牲人的生命健康换取一时的发展。要自觉坚持安全发展，使经济社会发展切实建立在安全保障能力不断增强、劳动者生命安全和身体健康得到切实保障的基础上，确保人民群众平安幸福地享有经济发展和社会进步的成果。要大力实施安全发展战略，坚持依法依规，综合治理。健全完善安全生产法律法规、制度标准体系，严格安全生产执法，严厉打击非法违法行为，综合运用法律、行政、经济等手段，推动安全生产工作规范、有序、高效开展。

二、安全生产工作的基本方针

根据《安全生产法》规定，安全生产工作应当坚持安全第一、预防为主、综合治理的方针，从源头上防范化解重大安全风险。这一方针是开展安全生产工作总的指导方针，是长期实践的经验总结。

（一）安全第一

在生产经营活动中，在处理保证安全与实现生产经营活动的其他各项目标的关系上，要始终把安全特别是从业人员、其他人员的人身安全放在首要位置，实行"安全优先"的原则。在确保安全的前提下，努力实现生产经营的其他目标。当安全工作与其他活动发生冲突和矛盾时，其他活动要服从安全，绝不能以牺牲人的生命、健康为代价换取发展和效益。安全第一，体现了以人为本的发展思想，是预防为主，综合治理的统帅，没有安全第一的思想，预防为主就失去了思想支撑，综合治理就失去了整治依据。

（二）预防为主

预防为主，是安全生产工作的重要任务和价值所在，是实现安全生产的根本途径。预防为主，就是要把预防生产安全事故的发生放在安全生产工作的首位。对安全生产的管理，主要不是在发生事故后去组织抢救，进行事故调查，找原因、追责任、堵漏洞，而要谋事在先、尊重科学、探索规律，采取有效的事前控制措施，千方百计预防事故的发生，做到防患于未然，将事故消灭在萌芽状态。只要思想重视，预防措施得当，绝大部分事故特别是重大事故是可以避免的，坚持预防为主，就要坚持培训教育为主，在提高生产经营单位主要负责人、安全管理人员和从业人员的安全素质上下功夫，最大限度地减少违章指挥、违章作业、违反劳动纪律的现象，努力做到"不伤害自己，不伤害他人，不被他人伤害，保护他人不被伤害"。只有把安全生产的重点放在建立事故隐患预防体系上，超前防范，才能有效避免和减少事故，实现安全第一。

（三）综合治理

综合治理，就是要综合运用法律、经济、行政、科技等手段，从发展规划、行业管理、安全投入、科技进步、经济政策、教育培训、安全文化以及责任追究等方面着手，建立安全生产长效机制；综合治理，秉承"安全发展"的理念，从遵循和适应安全生产的规律出发，运用法律、经济、行政等手段，多管齐下，并充分发挥社会、职工、舆论的监督作用，形成标本兼治、齐抓共管的格局；综合治理，是一种新的安全管理模式，它是保证"安全第一、预防为主"的安全管理目标实现的重要手段和方法，只有不断健全和完善综合治理工作机制，才能有效贯彻安全生产方针。

（四）从源头上防范化解重大安全风险

要健全风险防范化解机制，坚持从源头上防范化解重大安全风险，真正把问题解决在萌芽之时、成灾之前。实践一再表明，许多事故的发生，都经历了从无到有、从小到大、从量变到质变的动态发展过程。因此，从以事故处置为主的被动反应模式向以风险预防为主的主动管控模式转变，是一种更经济、更安全、更有效的应急管理策略。具体而言，就是要严格安全生产市场准入，经济社会发展要以安全为前提，严防风险演变、隐患升级导致生产安全事故发生。比如：地方各级政府、有关生产经营单位应当建立完善安全风险评估与论证机制，科学合理确定企业选址和基础设施建设、居民生活区空间布局；高危项目审批必须把安全生产作为前置条件，国土空间规划布局、设计、建设、管理等各项工作必须以安全为前提，建立和实施超前防范的制度措施，实行重大安全风险"一票否决"，通过这些防范措施，最大限度地降低事故发生。

三、安全生产工作的基本原则

《意见》强调，明确部门监管责任，按照管行业必须管安全、管业务必须管安全、管生产经营必须管安全和谁主管谁负责的原则，厘清安全生产综合监管与行业监管关系，明确各有关部门安全生产工作职责，并落实到部门工作职责规定中。《安全生产法》中规定"三个必须"原则，进一步明确了各方面的安全生产责任，健全完善了安全生产综合监管与行业监管相结合的工作机制，有利于加强协作、形成合力，建立比较完善的责任体系。"三个必须"原则明确了政府部门的安全监管职责。管行业必须管安全，明确了负有安全监管职责的各个部门，要在各自的职责范围内，对所负责行业、领域的安全生产工作实施监督管理。同时，"三个必须"原则也明确了生产经营单位的决策层和管理层的安全管理职责。管业务必须管安全，管生产经营必须管安全，具体到生产经营单位中，就是主要负责人是安全生产的第一责任人，其他负责人都要根据分管的业务，对安全生产工作承担一定的职责，负担一定的责任。在厘清责任、分清界限的同时，"三个必须"原则还要求负有安全监管职责的部门之间要相互配合、齐抓共管、信息共享、资源共用，依法加强安全生产监督管理工作，切实形成监管合力。

四、生产经营单位主体责任与政府监管责任

（一）生产经营单位主体责任

生产经营单位是生产经营活动的主体，也是安全生产工作责任的直接承担主体。生产经营单位安全生产主体责任，是指生产经营单位依照法律、法规规定，应当履行的安全生产法定职责和义务。生产经营单位承担的安全生产主体责任，是指生产经营单位在生产经营活动全过程中必须按照《安全生产法》和有关法律法规履行义务、承担责任。比如应当按要求设置安全生产管理机构或者配备安全生产管理人员，保障安全生产条件所必需的资金投入，对从业人员进行安全生产教育和培训，建设工程项目的安全设施必须与主体工程同时设计、同时施工、同时投入生产和使用，等等。生产经营单位既是社会经济活动中的建设者又是受益者，是安全生产中不容置疑的责任主体，在社会生产中负有不可推卸的社会责任。生产经营单位必须认识到安全生产是贯彻落实新发展理念的内在要求，也是生产

经营单位生存与发展的必然选择。增强安全生产主体责任，实现安全生产，是生产经营单位追求利益最大化的最终目的，是实现物质利益和社会效益的最佳结合。强化和落实生产经营单位的主体责任，是保障经济社会协调发展的必然要求，是实现企业高质量发展的客观要求。因此，必须强化和落实生产经营单位的主体责任。

(二) 政府监管责任

政府监管责任是与生产经营单位主体责任联系十分紧密的责任。按照"三个必须"和谁主管谁负责的原则，政府有关部门对安全生产负有监督管理的职责。应急管理部门负责安全生产法规标准和政策规划制定修订、执法监督、事故调查处理、应急救援管理、统计分析、宣传教育培训等综合性工作，承担职责范围内行业领域安全生产监管执法职责。负有安全生产监督管理职责的有关部门依法依规履行相关行业领域安全生产监管职责，强化监管执法，严厉查处违法违规行为。其他行业领域主管部门负有安全生产管理责任，要将安全生产工作作为行业领域管理的重要内容，从行业规划、产业政策、法规标准、行政许可等方面加强行业安全生产工作，指导督促企事业单位加强安全管理。

五、安全生产工作机制

按照《安全生产法》，安全生产工作要建立生产经营单位负责、职工参与、政府监管、行业自律和社会监督的机制。建立这一工作机制的主要目的，是形成安全生产齐抓共管的工作格局。

(一) 生产经营单位负责

做好安全生产工作，落实生产经营单位主体责任是根本。生产经营单位负责，就是要求落实生产经营单位的安全生产主体责任，生产经营单位必须严格遵守和执行安全生产法律法规、规章制度与技术标准，依法依规加强安全生产，加大安全投入，健全安全管理机构，加强对从业人员的培训，保持安全设施设备的完好有效。

(二) 职工参与

一方面，职工是生产经营活动的直接操作者，安全生产首先涉及职工的人身安全。保障职工对安全生产工作的参与权、知情权、监督权和建议权，是我国基层民主的重要组成部分和建立现代企业制度的要求，是保障职工切身利益的需要，也有利于充分调动职工的积极性，发挥其主人翁作用。另一方面，做好安全生产工作需要职工积极配合，承担遵章守纪、按章操作等义务。没有职工的参与和配合，不可能真正做好安全生产工作。职工参与，就是通过安全生产教育，提高广大职工的自我保护意识和安全生产意识，职工有权对本单位的安全生产工作提出建议。对本单位安全生产工作中存在的问题，有权提出批评、检举和控告，有权拒绝违章指挥和强令冒险作业。要认真落实工会组织在安全生产方面的职权，充分发挥工会组织在安全生产方面的作用。

（三）政府监管

在强化和落实生产经营单位主体责任、保障职工参与的同时，还必须充分发挥政府在安全生产方面的监管作用，以国家强制力为后盾，保证安全生产法律、法规以及相关标准得到切实遵守，及时查处、纠正安全生产违法行为，消除事故隐患。政府监管，就是要切实履行监管部门安全生产管理和监督职责。健全完善安全生产综合监管与行业监管相结合的工作机制，强化应急管理部门对安全生产的综合监管，全面落实行业主管部门的专业监管、行业管理和指导职责。各部门要加强协作，形成监管合力，在各级政府统一领导下，严厉打击违法生产、经营等影响安全生产的行为，对拒不执行监管监察指令的生产经营单位，要依法依规从重处罚。

（四）行业自律

在市场经济条件下，必须充分发挥行业协会等社会组织的作用，加快形成政社分开、权责明确、依法自治的现代社会组织体制，强化行业自律，使其真正成为提供服务、反映诉求、规范行为的重要社会自治力量。行业自律，主要是指行业协会等行业组织要自我约束。一方面各个行业要遵守国家法律、法规和政策，另一方面行业组织要通过行规行约制约本行业生产经营单位的行为。通过行业间的自律，促使相当一部分生产经营单位能从自身安全生产的需要和保护从业人员生命健康的角度出发，自觉开展安全生产工作，切实履行生产经营单位的法定职责和社会责任。

（五）社会监督

安全生产工作涉及方方面面，必须充分发挥包括工会、基层群众自治组织、新闻媒体以及社会公众的监督作用，实行群防群治，将安全生产工作置于全社会的监督之下。社会监督，就是要充分发挥社会监督的作用，任何单位和个人有权对违反安全生产的行为进行检举和控告。发挥新闻媒体的舆论监督作用。有关部门和地方要进一步畅通安全生产的社会监督渠道，通过设立举报电话，接受人民群众的公开监督。

上述 5 个方面互相配合、互相促进，共同构成安全生产工作机制。

第三节　安全生产的原则及任务

一、安全生产的原则

（一）"管生产必须管安全"的原则

一切从事生产、经营活动的单位和管理部门都必须管安全，必须依照国务院"安全生产是一切经济部门和生产企业的头等大事"的指示精神，全面开展安全生产工作。

贯彻"管生产必须管安全"的原则，就要在管理生产的同时认真贯彻执行国家安全生产的法律、法规、政策和标准，制定本企业本部门的安全生产规章制度，包括各种安全生产责任制、安全生产管理规定、安全卫生技术规范、岗位安全操作规程，健全安全生产管理机构，配齐安全生产专（兼）职人员。

（二）"安全具有否决权"的原则

"安全具有否决权"的原则是指安全工作是衡量用人单位生产经营管理工作好坏的一项基本内容。该原则要求，在对用人单位进行各项指标考核、评选先进时，必须首先考虑安全指标的完成情况，安全生产指标具有一票否决的作用。

(三)"三同时"原则

"三同时"原则是指按照法律规定，新建、改建、扩建的基本建设项目（工程）、技术改造项目（工程）和引进的建设项目，其劳动安全卫生设施必须与主体工程同时设计、同时施工、同时投入生产和使用。

(四)"五同时"原则

"五同时"原则是指用人单位的管理人员在计划、布置、检查、总结、评比生产工作的时候，必须同时计划、布置、检查、总结、评比安全工作。

(五)"四不放过"原则

"四不放过"原则是指在调查处理生产安全事故时，必须坚持事故原因未查清不放过、责任人员未处理不放过、整改措施未落实不放过、有关人员未受到教育不放过。

(六)"三个同步"原则

"三个同步"原则是指安全生产与经济建设、深化改革、技术改造同步规划、同步发展、同步实施。

(七)"四不伤害"原则

"四不伤害"原则是我国为减少人为事故而采取的在施工过程中施工人员的一个互相监督原则。（1）不伤害自己：就是要提高自我保护意识，不能由于自己的疏忽、失误而使自己受到伤害。（2）不伤害他人：他人生命与自己的一样宝贵，不应该被忽视，保护同事是应尽的义务。（3）不被他人伤害：生命安全不应该由他人来随意伤害，即每个人都要加强自我防范意识，工作中要避免他人的错误操作或其他隐患对自己造成伤害。（4）保护他人不受伤害：要担负起关心爱护他人的责任和义务，不仅自己要注意安全，还要保护团队的其他人员不受伤害。

二、安全生产的任务

安全生产的任务从广义上讲，一是预测人类活动中各个领域里存在的危险，进一步采取措施，使人们在劳动过程中不致受到伤害和职业病的危害；二是制定各种规程、规定和消除危害因素所采取的各种办法、措施；三是告诉人们去认识危险和防止灾害。具体来讲，安全生产的任务主要有以下几方面。

（一）贯彻党和国家有关安全生产的方针政策和法律法规，落实"安全第一、预防为主、综合治理"的方针。

（二）制定安全生产的各项规程、规定和制度，并认真贯彻落实。

（三）积极采取各种安全工程技术措施，进行综合治理，使用人单位的生产机械设备和设施达到本质安全的要求，保障职工有一个安全可靠的作业条件，减少和杜绝各类事故造成的人员伤亡和财产损失。

（四）采取各种劳动卫生措施，不断改善劳动条件和环境，定期检测，防止和消除职业病及职业危害。

（五）根据女职工和未成年工的生理特点，依法做好女职工和未成年工的特殊劳动保护。

（六）对用人单位领导、特种作业人员和所有职工进行安全教育，使职工掌握安全知识和操作技术，进行事前预测和预防，提高安全生产素质。

（七）对生产安全事故和职业病进行报告、调查和处理。

（八）推行安全生产目标管理，推广应用现代化安全管理技术和方法，深化安全管理。

第四节　安全生产五要素

用人单位要建立安全生产长效机制，实现安全生产长治久安，全面推进安全生产五要素显得尤为重要。安全生产五要素如下。

一、安全文化

安全文化主要是通过"文之教化"的作用，将人培养成具有现代社会所要求的安全情感、安全价值观和安全行为表现的人，它是人类文明的产物，也是为用人单位在生产、生活、生存活动提供安全生产的保证。安全文化就是安全理念、安全意识以及在其指导下的各项行为的总称。用人单位安全文化建设，要紧紧围绕"一个中心"（突出"以人为本"这个中心）、"两个基本点"（安全理念渗透和安全行为养成），内化思想，外化行为，不断提高广大员工的安全意识和安全责任，把文化融入安全生产工作之中，把安全第一变为每个职工的自觉行为。由于安全理念决定安全意识，安全意识决定安全行为。因此必须在抓好职工安全理念渗透和安全行为养成上下功夫。要使广大职工不仅对安全理念熟读、熟记，入脑入心，全员认知，而且要内化到心灵深处，转化为安全行为，升华为职工的自觉行动。用人单位可以通过搞好站、场、班组安全文化建设来实施，如根据各时期安全工作特点，悬挂安全横幅、张贴标语、宣传画、制作宣传墙报、出版图书、发放宣传资料、播放宣传片、广播安全知识，在班组园地和各科室张贴安全职责、操作规程，还可在班组安全学习会上，不断向员工灌输安全知识，将安全文化变成职工的自觉行动。

二、安全法治

要建立用人单位安全生产长效机制，必须坚持"以法治安"，用法律法规来规范用人单位领导和职工的安全行为，使安全生产工作有法可依、有章可循，建立安全生产法治秩序。坚持"以法治安"，必须立法懂法守法执法。立法，一方面要组织职工学习国家有关安全生产的法律、法规、条例；另一方面要建立、修订、完善用人单位安全管理相关的规定、规程、办法、细则等，为强化安全管理提供法律依据。懂法，要实现安全生产法治化，立法是前提，懂法是基础。只有使全体职工学法、懂法、知法，才能为"以法治安"打好基础。守法，要把以法治安落实到安全管理全过程，必须把各项安全法律法规和规章制度落实到生产管理全过程。全体职工都必须自觉守法，以消除人的不安全行为为目标，才能避免和减少事故发生。执法，要坚持"以法治安"，离不开监督检查和严格执法。为此，要依法进行安全检查、安全监督，维护安全法律法规的权威性。

三、安全责任

安全生产责任制是根据我国"安全第一、预防为主、综合治理"的安全生产方针和安全生产法律法规建立的各级领导、部门、工程技术人员、岗位操作人员在劳动生产过程中对安全生产层层负责的制度。安全生产责任制是用人单位岗位责任制的一个组成部分，是用人单位中最基本的一项安全制度，也是用人单位劳动保护管理制度的核心。用人单位要完善制度、强化责任、加强管理、严格监管，把安全生产责任制落到实处，切实防范重特大安全生产事故的发生。

必须层级落实安全责任。用人单位应逐级签订安全生产责任书。责任书要有具体的责任、措施、奖罚办法。对完成责任书各项考核指标、考核内容的单位和个人应给予精神奖励和物质奖励；对没有完成考核指标或考核内容的单位和个人给予处罚；对于安全工作做得好的单位，应对该单位领导和安全工作人员给予一定的奖励。

四、安全投入

安全投入是安全活动的一切人力、物力和财力的总和。安全投入是安全生产的基本保障。它主要包括两个方面：一是人才投入，二是资金投入。对于安全生产所需的设备、设施、宣传等资金投入必须充足。一方面，用人单位应创造机会让安全工作人员参加专业培训，组织安全工作人员到安全工作搞得好的单位参观、学习、取经；另一方面，可以通过招聘安全管理专业人才，提高用人单位安全管理队伍的素质，为实现用人单位安全和谐发展打下坚实的基础。

五、安全科技

要提高安全管理水平，必须加大安全科技投入，运用先进的科技手段来监控安全生产全过程。如安装闭路电视监控系统、消防喷淋系统、X射线安全检查机、卫星定位仪（GPS）、行车记录仪等，把现代化、自动化、信息化全部应用到安全生产管理中。

"五要素"构成了一个科学完整的管理体系：安全文化——安全生产的灵魂；安全法制——安全生产的利器；安全责任——安全生产的核心；安全投入——安全生产的基础；安全科技——安全生产的动力。安全生产"五要素"具有丰富的内涵和重要的实践价值，只要将"五要素"实施到位，事故就必将得到有效遏制，安全状况就必将得到根本好转，我国的安全生产必将实现跨越式发展。

思考题

1.什么是劳动保护？

2.劳动保护有什么作用？

3.我国安全生产的指导思想是什么？

4.我国安全生产的原则是什么？

5.我国安全生产方针和管理体制是什么？

6.安全生产的任务是什么？

7.简述安全生产五要素。

案例1

盯在生产现场的群众安全监督员

2020年7月14日　来源：中工网—《工人日报》

"吊车钢丝绳有问题，不能进行吊装作业！"近日，在中原油田文卫采油厂作业现场，采油气工程服务中心技工唐朝文在检查安全辅助设施时，发现吊车小钩有一股钢丝绳断裂，当即叫停驾驶员郭龙勋，及时排除了一起事故隐患。

在中原油田，有 2826 个像唐朝文这样的群众安全监督员紧盯在各个生产单位的作业一线，他们与专职的安全员不同，全部是来自基层班组的技术工人，承担着群众性安全生产的宣传、教育、检查等工作。

虽然不是专职，但这些群众安全监督员也有自己严格的工作法，即岗前（施工前）"三个坚持"，坚持全面查看、坚持风险识别、坚持安全提示；岗中（施工中）"三个监督"，监督违章指挥、监督违章操作、监督隐患整改；岗后（施工后）"三个到位"，问题讲评到位、工作交接到位、监督记录到位。

"遍布各个基层班组的群众安全监督员就像渔网上的一个个网坠，使我们的安全防控网能够真正沉到基层、沉到生产一线。"有着 28 年工龄的采油班班长宋成波感慨，群众安全监督员让安全生产隐患无处遁形。

除了安全监督，油田各生产单位为提高群众安全监督员队伍素质，还结合自身实际，推出"午间大讲堂""安全知识擂台赛""我安全、我宣讲"等各具特色的培训活动，从典型事故案例分析、应急救护演练、安全基础知识讲座等方面对群众安全监督员开展安全监督技能培训。

参加完培训的群众安全监督员回到各自岗位，将自己所学安全生产知识及安全防护经验再宣讲给其他职工。

"安全生产是企业生存和发展的命脉，是企业管理探索的永恒主题，而群众安全督导员正是由工会组织引导，在创新和实践中发展起来的一支庞大的安全监控队伍。"中原油田工会副主席范锐表示，群众安全监督员不断提升的监督水平正在为油田安全生产筑起一道新的"防护墙"。（《工人日报》—中工网记者 余嘉熙 通讯员 杨敏 唐凯）

案例 2

贵州省遵义市播州区消防救援大队对某酒店管理有限公司行政处罚案

2023 年 6 月 12 日　来源：应急管理部

【基本案情】

2021 年 12 月 31 日，贵州省遵义市消防救援支队播州区大队消防监督员在对某酒店管理有限公司进行执法检查时，发现该公司未经消防救援机构许可擅自投入使用、营业，且存在安全出口数量不足、大面积采用可燃材料装修、违规设置员工宿舍、未按要求设置排烟设施、自动喷水灭火系统和室内消火栓系统无法正常运行等隐患问题，一旦发生火灾，极易造成严重危害后果。上述行为违反了《中华人民共和国消防法》第 15 条第 4 款。

【处理结果】

2022 年 1 月 26 日，播州区大队依据《中华人民共和国消防法》第 58 条第 1 款第（4）项，对该酒店管理有限公司作出责令停止营业、罚款人民币 4 万元的行政处罚决定。2022 年 5 月 30 日，播州区大队消防监督员发现该场所未经许可擅自营业，经催告仍不执行停止营业决定，播州区大队依据《中华人民共和国消防法》第 70 条第 3 款，经集体决定对该公司实施强制执行。

【典型意义】

该公司涉案场所属于公众聚集场所，在装修材料、消防设施、安全出口等方面均存在突出火灾隐患的情况下，仍然"带病营业"，极易造成群死群伤事故发生。该案办理，注重执法闭环管理，消防救援大队能够及时发现涉事公司未经许可再次擅自营业，并针对不执行行政处罚决定的行为依法采取强制执行措施。同时，注重建立部门联合执法协作和媒体曝光机制，公安机关协助消防救援大队执行停止营业决定，告知该公司拒不执行决定需承担的法律责任和后果，并将该公司纳入日常巡查监管重点对象，形成了执法合力；通过"以案说法"方式，在主流媒体对该公司违法行为进行了曝光，达到了曝光一起、震慑一片的效果，社会反响强烈。（责编：程宗恒）

第二章 安全生产法相关知识

第一节 《安全生产法》概述

一、我国安全生产法律法规体系

安全生产法是调整社会生产经营活动中所产生的同安全生产有关的各方面关系和行为的法律规范的总称。

按照我国的立法规则，安全生产法应包括以下几方面。

（一）全国人大及其常委会制定的有关安全生产的法律，如《中华人民共和国劳动法》（以下简称《劳动法》）、《中华人民共和国工会法》（以下简称《工会法》）、《安全生产法》、《中华人民共和国矿山安全法》（以下简称《矿山安全法》）、《中华人民共和国煤炭法》、《中华人民共和国消防法》（以下简称《消防法》）、《中华人民共和国道路交通安全法》、《中华人民共和国特种设备安全法》等。

（二）国务院制定的有关安全生产的行政法规，如《国务院关于特大安全事故行政责任追究的规定》《国务院关于预防煤矿生产安全事故的特别规定》《女职工劳动保护特别规定》《煤矿安全监察条例》《危险化学品安全管理条例》《安全生产许可证条例》《生产安全事故报告和调查处理条例》《生产安全事故应急条例》《工伤保险条例》等。

（三）国务院有关部门制定的有关安全生产的部门规章，如《安全生产培训管理办法》《煤矿安全监察行政处罚办法》《煤矿安全生产基本条件规定》《安全生产事故隐患排查治理暂行规定》《建设项目安全设施"三同时"监督管理暂行办法》《消防监督检查规定》《安全生产领域举报奖励办法》《生产经营单位从业人员安全生产举报处理规定》等。

（四）各省、自治区、直辖市人大及其常委会制定的有关安全生产的地方性法规。

（五）各省、自治区、直辖市人民政府制定的有关安全生产的地方规章。

（六）国务院有关部门依法制定的国家标准或行业标准，如《煤炭工业矿井设计规范》等。

（七）已批准的国际劳工公约。

目前我国已批准的国际劳工公约有 23 个，其中 4 个与职业安全卫生有关。

二、安全生产法律法规的作用

安全生产法律法规的作用主要表现在以下 4 个方面。

（一）为劳动者的安全与健康提供法律保障

我国安全生产法律法规是以搞好安全生产、保障职工在生产中的安全与健康为目的的。它不仅从管理上规定了人们的安全行为规范，也从生产技术上、设备上规定了实现安全生产和保障职工安全与健康所需的物质条件。只要严格执行安全生产法律法规，就可以切实保障劳动者的安全与健康。

（二）加强安全生产的法治化管理

安全生产法律法规是加强安全生产法治化管理的章程，很多重要的安全生产法律法规都明确规定了各级安全部门安全生产、安全生产管理的职责，从而增强各级领导特别是用人单位管理人员的劳动法治观念，依法规范自己的行为，把劳动保护工作纳入法治轨道。

（三）促进劳动关系的和谐稳定

安全生产法律法规规定了用人单位和职工的行为准则和规范，要求用人单位重视安全生产，关心劳动者的生命安全与身体健康；要求职工提高安全生产的意识和操作能力，遵守安全生产的规章制度，这样有利于形成良好的安全生产环境和秩序，避免和减少劳动争议，促进劳动关系的和谐稳定。

（四）提高劳动生产率，促进经济高质量发展

通过安全生产立法，职工的安全与健康得以保障，职工能够在符合安

全与卫生要求的条件下从事劳动生产，这样势必激发劳动者的积极性、主动性和创造性，从而大大提高劳动生产率，促进经济高质量发展。

三、《安全生产法》简介

《安全生产法》是安全生产领域的基本法。《安全生产法》由中华人民共和国第九届全国人民代表大会常务委员会第二十八次会议于 2002 年 6 月 29 日通过公布，自 2002 年 11 月 1 日起施行。根据 2009 年 8 月 27 日第十一届全国人民代表大会常务委员会第十次会议通过的《关于修改部分法律的决定》，进行第一次修正。2014 年 8 月 31 日第十二届全国人民代表大会常务委员会第十次会议通过《关于修改〈中华人民共和国安全生产法〉的决定》，进行第二次修正，根据 2021 年 6 月 10 日第十三届全国人民代表大会常务委员会第二十九次会议《关于修改〈中华人民共和国安全生产法〉的决定》第三次修正。新修正的《安全生产法》共 7 章，119 条。

第二节 《安全生产法》的立法宗旨和适用范围

一、立法宗旨

《安全生产法》第 1 条规定："为了加强安全生产工作，防止和减少生产安全事故，保障人民群众生命和财产安全，促进经济社会持续健康发展，制定本法。"这一规定，明确了《安全生产法》的立法宗旨。

一是加强安全生产。安全生产就是在生产经营活动中，为避免发生造成人员伤害和财产损失的事故，有效消除或控制危险和有害因素而采取一系列措施，使生产过程在符合规定的条件下进行，以保证从业人员的人身安全与健康及设备和设施免受损坏，环境免遭破坏，保证生产经营活动得以顺利进行的相关活动。"安全生产"一词中所讲的"生产"，是广义的概念，不仅包括各种产品的生产活动，也包括各类工程建设和商业、娱乐业以及其他服务业的经营活动。

作为国家治理体系的一项重要内容，加强安全生产工作应当综合运用法律的、经济的和其他必要的手段。按照全面推进依法治国、建设社会主义法治国家的要求，我国安全生产法律制度体系经历了不断完善发展的过程。2002 年 6 月 29 日，九届全国人大常委会第二十八次会议通过了《安全生产法》。法律实施以来，对预防和减少生产安全事故，保障人民群众生命财产安全发挥了重要作用。此后，根据不同时期安全生产的形势和任务要求，对《安全生产法》进行了修改。2009 年 8 月，十一届全国人大常委会第十次会议通过关于修改部分法律的决定，对《安全生产法》个别条文作出修改；2014 年 8 月，十二届全国人大常委会第十次会议通过了关于修改《安全生产法》的决定，对《安全生产法》第二次修正；2021 年 6 月，十三届全国人大常委会第二十九次会议通过了关于修改《安全生产法》的决定，对《安全生产法》第三次修正。制定和修改完善《安全生产法》，本身就是加强安全生产工作的一个重要方面。

二是防止和减少生产安全事故。生产安全事故是指生产经营单位在生产经营活动（包括与生产经营有关的活动）中突然发生的，伤害人身安全和健康，或者损坏设备设施，或者造成经济损失的，导致原生产经营活动（包括与生产经营活动有关的活动）暂时中止或永远终止的意外事件。根据国务院《生产安全事故报告和调查处理条例》，按照生产安全事故造成的人员伤亡或直接经济损失，事故分为 4 个等级：特别重大事故、重大事故、较大事故、一般事故。

从我国安全生产的现状看，由于党和国家的高度重视，经过各方面的努力，近年来安全生产状况总体上有所好转，工矿企业各类伤亡事故逐年下降，伤亡人数逐年减少。

三是保障人民群众生命和财产安全。安全生产是关系人民群众生命财产安全的大事。通过安全生产立法，强化生产经营单位主体责任，重视安全生产，防止和减少生产安全事故，其根本目的就是保障人民群众的生命和财产安全，维护社会稳定，保证社会主义现代化建设的顺利进行。

　　四是促进经济社会持续健康发展。安全生产是安全与生产的统一，其宗旨是安全促进生产，生产必须安全。搞好安全工作，改善劳动条件，可以调动职工的生产积极性；减少职工伤亡，可以减少劳动力的损失；减少财产损失，可以增加企业效益，无疑会促进生产的发展。安全生产与经济发展应当同步，并要促进经济社会持续健康发展。只有加强基础建设，加强责任落实，加强依法监管，全面推进安全生产各项工作，持续降低事故总量和伤亡人数，有效防范和遏制重特大事故，促进安全生产状况持续稳定好转，才能保障经济社会全面、协调、可持续健康发展。

二、适用范围

　　《安全生产法》第2条规定："在中华人民共和国领域内从事生产经营活动的单位（以下统称生产经营单位）的安全生产，适用本法；有关法律、行政法规对消防安全和道路交通安全、铁路交通安全、水上交通安全、民用航空安全以及核与辐射安全、特种设备安全另有规定的，适用其规定。"这一规定，明确了《安全生产法》的适用范围。

　　凡在中华人民共和国领域内从事生产经营活动的单位，一切合法或非法从事生产经营活动的企业、事业单位、社会组织和个体经济组织及其他组织，不论其性质如何、规模大小，只要从事生产经营活动，都应适用《安全生产法》。

　　《安全生产法》的调整事项，是生产经营活动中的安全问题。这里讲的"生产经营活动"，既包括资源的开采活动、各种产品的加工、制作活动，也包括各类工程建设和商业、娱乐业及其他服务业的经营活动。公共场所集会活动的安全问题等，不属于《安全生产法》的调整范围。

　　另外，消防安全，道路、铁路、水运、空运等交通运输安全，核与辐射安全，特种设备安全等适用专门的法律和行政法规调整。但对于一些安全生产方面的问题，专门的法律法规未作规定的，适用《安全生产法》的规定。

第三节 生产经营单位的安全生产保障

一、生产经营单位的基本义务

《安全生产法》第 4 条规定："生产经营单位必须遵守本法和其他有关安全生产的法律、法规，加强安全生产管理，建立健全全员安全生产责任制和安全生产规章制度，加大对安全生产资金、物资、技术、人员的投入保障力度，改善安全生产条件，加强安全生产标准化、信息化建设，构建安全风险分级管控和隐患排查治理双重预防机制，健全风险防范化解机制，提高安全生产水平，确保安全生产。平台经济等新兴行业、领域的生产经营单位应当根据本行业、领域的特点，建立健全并落实全员安全生产责任制，加强从业人员安全生产教育和培训，履行本法和其他法律、法规规定的有关安全生产义务。"根据这一规定，生产经营单位安全生产基本义务主要如下。

（一）遵守法律法规

生产经营单位必须遵守《安全生产法》和其他有关安全生产的法律、法规。安全生产管理，必须坚持依法治理的原则。遵守安全生产法律法规，是所有生产经营单位必须履行的义务。《安全生产法》是安全生产的专门法律，确立了有关安全生产的各项基本法律制度，是生产经营单位在安全生产方面必须遵守的行为规范；其他有关安全生产的法律，包括矿山安全法、建筑法、煤炭法等法律，以及特种设备安全法等专门领域的法律。此外，国务院也制定了若干有关安全生产的行政法规，各地方也根据法律、行政法规，结合本地实际情况，制定了一批有关安全生产的地方性法规。对这些有关安全生产的法律、法规，各生产经营单位都必须严格执行。

（二）加强安全生产管理

安全生产管理是生产经营单位管理的重要内容。生产经营单位必须严格遵守安全生产法律法规，依法依规加强安全生产，要依法设置安全生产管理机构、配备安全生产管理人员，建立、健全本单位安全生产的各项规章制度并组织实施，保持安全设备设施完好有效。生产经营单位的主要负责人、实际控制人要切实承担起安全生产第一责任人的责任，带头执行现场带班等制度，加强现场安全管理。做好对从业人员的安全生产教育和培训，企业主要负责人、安全管理人员、特种作业人员一律经严格考核，持证上岗。职工必须全部经培训合格后才能上岗。坚持不安全不生产，切实加强安全生产管理。

（三）建立健全全员安全生产责任制和安全生产规章制度

全员安全生产责任制，是生产经营单位岗位责任制的一个组成部分，是生产经营单位最基本的一项安全制度，是根据我国"安全第一、预防为主、综合治理"的安全生产方针和安全生产法规建立的生产经营单位各级领导、职能部门、工程技术人员、岗位操作人员在劳动生产过程中对安全生产层层负责的制度。全员安全生产责任制是生产经营单位岗位责任制的细化，是生产经营单位安全生产、劳动保护管理制度的核心。全员安全生产责任制综合各种安全生产管理、安全操作制度对生产经营单位及其各级领导、各职能部门、有关工程技术人员和生产工人在生产中应负的安全责任予以明确，主要包括各岗位的责任人员、责任范围和考核标准等内容。在全员安全生产责任制中，主要负责人应对本单位的安全生产工作全面负责，其他各级管理人员、职能部门、技术人员和各岗位操作人员，应当根据各自的工作任务、岗位特点，确定其在安全生产方面应做的工作和应负的责任，并与奖惩制度挂钩。

安全生产规章制度，是以全员安全生产责任制为核心制定的，指引和约束人们在安全生产方面行为的制度，是安全生产的行为准则。其作用是明确各岗位安全职责，规范安全生产行为，建立和维护安全生产秩序。安全生产规章制度包括全员安全生产责任制、安全操作规程和基本的安全生产管理制度，是生产经营单位制定的组织生产过程和进行生产管理的规则和制度的总和，也称为内部劳动规则，是生产经营单位内部的"法律"。

（四）加大对安全生产的投入保障力度，改善安全生产条件

安全生产投入是生产经营单位实现安全发展的前提，是做好安全生产工作的基础，安全生产投入总体上包括资金、物资、技术、人员等方面的投入。安全生产条件，是指生产经营单位在安全生产中的设施、设备、场所、环境等"硬件"方面的条件。生产经营单位必须加大投入保障力度，保障安全生产的各项物质技术条件，其作业场所和各项生产经营的设施、设备、器材和从业人员防护用品等方面，都必须符合保障安全生产的要求。同时，要求生产经营单位在符合安全生产条件的基础上，还要不断改善安全生产条件，从根本上促进安全生产水平的提升。

（五）加强安全生产标准化、信息化建设

安全生产标准化建设。安全生产标准化体现了"安全第一、预防为主、综合治理"的方针，强调生产经营单位安全生产工作的规范化、科学化、系统化和法治化，强化风险管控和过程控制，注重绩效管理和持续改进，符合安全管理的基本规律，代表了现代安全管理的发展方向，是现代安全管理思想与我国传统安全管理方法、生产经营单位具体实际的有机结合，能有效提高企业安全生产水平，从而推动我国安全生产状况的持续稳定好转。安全生产标准化包含安全目标、组织机构和人员、安全责任体系、安全生产投入、法律法规与安全管理制度、队伍建设、生产设备设施、科技创新与信息化、作业管理、隐患排查和治理、危险源辨识与风险控制、安全文化、应急救援、事故的报告和调查处理、绩效评定和持续改进等方面，目的是提高安全生产水平，确保安全生产。

安全生产信息化建设。加强信息化建设是提高安全生产管理水平的重要手段，是增强安全生产各项管理工作时效性的重要保障。安全生产信息化建设是安全生产的一项基础性工作，为各项安全管理提供技术保障。加强信息化建设，运用现代通信、大数据和互联网等科技手段服务于安全生产工作，建立稳定、高效、可靠的信息化支撑体系，有助于生产经营单位有关人员全面掌握安全生产动态，有效管控安全风险，及时发现并处置事故隐患，提升事故应急救援能力，切实提高本质安全水平。同时，生产经

营单位加强信息化建设，能为安全生产监管信息平台及时汇集和提供安全生产的基础数据，通过覆盖全面的信息平台实现安全生产基础信息规范完整、动态信息随时调取、执法过程便捷可溯、应急处置快捷可视、事故规律科学可循，全面提升安全生产信息化水平。

（六）构建安全风险双重预防机制

构建安全风险分级管控和隐患排查治理双重预防机制，健全风险防范化解机制的主要要求包括：一是坚持关口前移，超前辨识预判岗位、企业、区域安全风险，对辨识出的安全风险进行分类梳理，采取相应的风险评估方法确定安全风险等级，通过实施制度、技术、工程、管理等措施，有效管控各类安全风险；二是强化隐患排查治理，加强过程管控，完善技术支撑、智能化管控、第三方专业化服务的保障措施，通过构建隐患排查治理体系和闭环管理制度，强化监管执法，及时发现和消除各类事故隐患，防患未然；三是强化事后处置，及时、科学、有效应对各类重特大事故，最大限度减少事故伤亡人数、降低损害程度。

（七）平台经济等生产经营单位的义务

平台经济等新兴行业、领域的生产经营单位应当统筹发展与安全，根据本行业、领域的特点，建立健全并落实全员安全生产责任制，加强从业人员安全生产教育和培训，履行《安全生产法》和其他法律、法规规定的有关安全生产义务，始终把从业人员生命安全放在首位。

二、安全生产条件

生产经营单位应当具备《安全生产法》和有关法律、行政法规和国家标准或者行业标准规定的安全生产条件。不具备安全生产条件的，不得从事生产经营活动。

根据《安全生产许可证条例》规定，国家对矿山企业、建筑施工企业和危险化学品、烟花爆竹、民用爆炸物品生产企业实行安全生产许可制度。企业未取得安全生产许可证的，不得从事生产活动。

企业取得安全生产许可证，应当具备下列安全生产条件：

（一）建立、健全安全生产责任制，制定完备的安全生产规章制度和操作规程；

（二）安全投入符合安全生产要求；

（三）设置安全生产管理机构，配备专职安全生产管理人员；

（四）主要负责人和安全生产管理人员经考核合格；

（五）特种作业人员经有关业务主管部门考核合格，取得特种作业操作资格证书；

（六）从业人员经安全生产教育和培训合格；

（七）依法参加工伤保险，为从业人员缴纳保险费；

（八）厂房、作业场所和安全设施、设备、工艺符合有关安全生产法律、法规、标准和规程的要求；

（九）有职业危害防治措施，并为从业人员配备符合国家标准或者行业标准的劳动防护用品；

（十）依法进行安全评价；

（十一）有重大危险源检测、评估、监控措施和应急预案；

（十二）有生产安全事故应急救援预案、应急救援组织或者应急救援人员，配备必要的应急救援器材、设备；

（十三）法律、法规规定的其他条件。

企业进行生产前，应当依照《安全生产许可证条例》向安全生产许可证颁发机关申请领取安全生产许可证。煤矿企业应当以矿（井）为单位，在申请领取煤炭生产许可证前，依照《安全生产许可证条例》取得安全生产许可证。

安全生产许可证的有效期为 3 年。安全生产许可证有效期满需要延期的，企业应当于期满前 3 个月向安全生产许可证颁发机关办理延期手续。企业在安全生产许可证有效期内，严格遵守有关安全生产的法律、法规，未发生死亡事故的，安全生产许可证有效期届满时，经原安全生产许可证颁发机关同意，不再审查，安全生产许可证有效期延期 3 年。

根据《国务院关于预防煤矿生产安全事故的特别规定》，煤矿的通风、防瓦斯、防水、防火、防煤尘、防冒顶等安全设备、设施和条件应当符合国家标准、行业标准，并有防范生产安全事故发生的措施和完善的应急处理预案。煤矿有下列重大安全生产隐患和行为的，应当立即停止生产，排除隐患：

（一）超能力、超强度或者超定员组织生产的；

（二）瓦斯超限作业的；

（三）煤与瓦斯突出矿井，未依照规定实施防突出措施的；

（四）高瓦斯矿井未建立瓦斯抽放系统和监控系统，或者瓦斯监控系统不能正常运行的；

（五）通风系统不完善、不可靠的；

（六）有严重水患，未采取有效措施的；

（七）越层越界开采的；

（八）有冲击地压危险，未采取有效措施的；

（九）自然发火严重，未采取有效措施的；

（十）使用明令禁止使用或者淘汰的设备、工艺的；

（十一）年产6万吨以上的煤矿没有双回路供电系统的；

（十二）新建煤矿边建边生产，煤矿改扩建期间，在改扩建的区域生产，或者在其他区域的生产超出安全设计规定的范围和规模的；

（十三）煤矿实行整体承包生产经营后，未重新取得安全生产许可证从事生产，或者承包方再次转包，以及煤矿将井下采掘工作面和井巷维修作业进行劳务承包的；

（十四）煤矿改制期间，未明确安全生产责任人和安全管理机构，或者在完成改制后，未重新取得或者变更采矿许可证、安全生产许可证和营业执照的；

（十五）有其他重大安全生产隐患的。

三、职工的安全教育和培训

安全生产，人人有责。生产经营活动最直接的承担者就是职工。每个职工的具体生产经营活动安全了，整个生产经营单位的生产安全就得到了保障。因此，加强职工的安全教育和培训，保证每个职工具有在本职工作岗位进行安全生产操作的知识和能力，是非常必要的。

《安全生产法》规定：生产经营单位应当对从业人员进行安全生产教育和培训，保证从业人员具备必要的安全生产知识，熟悉有关的安全生产规章制度和安全操作规程，掌握本岗位的安全操作技能，了解事故应急处理措施，知悉自身在安全生产方面的权利和义务。未经安全生产教育和培训合格的从业人员，不得上岗作业。生产经营单位使用被派遣劳动者的，应当将被派遣劳动者纳入本单位从业人员统一管理，对被派遣劳动者进行岗位安全操作规程和安全操作技能的教育和培训。劳务派遣单位应当对被派遣劳动者进行必要的安全生产教育和培训。生产经营单位接收中等职业学校、高等学校学生实习的，应当对实习学生进行相应的安全生产教育和培训，提供必要的劳动防护用品。学校应当协助生产经营单位对实习学生进行安全生产教育和培训。生产经营单位应当建立安全生产教育和培训档案，如实记录安全生产教育和培训的时间、内容、参加人员以及考核结果等情况。生产经营单位采用新工艺、新技术、新材料或者使用新设备，必须了解、掌握其安全技术特性，采取有效的安全防护措施，并对从业人员进行专门的安全生产教育和培训。生产经营单位的特种作业人员必须按照国家有关规定经专门的安全作业培训，取得相应资格，方可上岗作业。

根据《生产经营单位安全培训规定》，生产经营单位负责本单位从业人员安全培训工作。生产经营单位应当按照《安全生产法》和有关法律、行政法规和本规定，建立健全安全培训工作制度。

生产经营单位应当进行安全培训的从业人员包括主要负责人、安全生产管理人员、特种作业人员和其他从业人员。生产经营单位使用被派遣劳动者的，应当将被派遣劳动者纳入本单位从业人员统一管理，对被派遣劳动者进行岗位安全操作规程和安全操作技能的教育和培训。劳务派遣单位应当对被派遣劳动者进行必要的安全生产教育和培训。生产经营单位接收中等职业学校、高等学校学生实习的，应当对实习学生进行相应的安全生产教育和培训，提供必要的劳动防护用品。学校应当协助生产经营单位对实习学生进行安全生产教育和培训。

生产经营单位从业人员应当接受安全培训，熟悉有关安全生产规章制度和安全操作规程，具备必要的安全生产知识，掌握本岗位的安全操作技能，了解事故应急处理措施，知悉自身在安全生产方面的权利和义务。

未经安全培训合格的从业人员，不得上岗作业。

四、特种作业人员的资格要求

《安全生产法》规定，生产经营单位的特种作业人员必须按照国家有关规定经专门的安全作业培训，取得相应资格，方可上岗作业。

特种作业，是指容易发生人员伤亡事故，对操作者本人、他人及其周围设施的安全有重大危害的作业。如，电工、焊工、起重机械操作工、企业内机动车辆驾驶、登高架设作业、锅炉作业、压力容器操作、制冷作业、爆破作业、矿山通风作业（含瓦斯检验）、矿山排水作业（含尾矿坝作业）等。

根据《特种作业人员安全技术培训考核管理办法》，特种作业人员必须具备以下基本条件：

（一）年龄满18周岁；

（二）身体健康，无妨碍从事相应工种作业的疾病和生理缺陷；

（三）初中以上文化程度，具备相应工种的安全技术知识，参加国家规定的安全技术理论和实际操作考核并成绩合格；

（四）符合相应工种作业特点需要的其他条件。

特种作业人员在独立上岗作业前，必须进行与本工种相适应的、专门的安全技术理论学习和实际操作训练，并经考核合格取得操作资格证书。特种作业人员的考核和发证工作，必须坚持公正、公平、公开的原则，不得弄虚作假。

五、建设项目的安全设施

生产经营单位的建设项目是否具备安全设施，对于能否保障安全生产，具有直接的影响。保证安全，首先必须有相应的安全设施，这是保证安全生产的物质基础。《安全生产法》规定："生产经营单位新建、改建、扩建工程项目（以下统称建设项目）的安全设施，必须与主体工程同时设计、同时施工、同时投入生产和使用。安全设施投资应当纳入建设项目概算。"这是对生产经营单位建设项目安全设施与主体工程"三同时"的要求。

新建工程项目，是指从基础开始建造的建设项目，按照国家规定也包括原有基础很小，经扩大建设规模后，其新增固定资产价值超过原有固定资产价值一定倍数，并需要重新进行总体设计的建设项目；迁移厂址的建设工程（不包括留在原厂址的部分），符合新建条件的建设项目。改建工程项目，是指不增加建筑物或建设项目体量，在原有基础上，为提高生产效率，改进产品质量，改变产品方向，或改善建筑物使用功能、改变使用目的，对原有工程进行改造的建设项目。装修工程也是改建。生产经营单位为了平衡生产能力，增加一些附属、辅助车间或非生产性工程，也属于改建项目。在改建的同时，扩大主要产品的生产能力或增加新效益的项目，一般称为改扩建项目。扩建工程项目，是指在原有基础上加以扩充的建设项目，包括扩大原有产品生产能力、增加新的产品生产能力以及为取得新的效益和使用功能而新建主要生产场所或工程的建设活动。对于建筑工程，扩建主要是指在原有基础上加高加层（需重新建造基础的工程属于新建项目）。建设项目安全设施，是指生产经营单位在生产经营活动中用于预防生产安全事故的设备、设施、装置、构（建）筑物和其他技术措施的总称。根据有关规定，生产经营单位是建设项目安全设施建设的责任主体。

生产经营单位新建、改建、扩建工程项目的安全设施落实"三同时"原则，应当符合以下要求。

（一）建设项目的设计单位在编制建设项目投资计划文件时，应同时按照有关法律、法规、国家标准或者行业标准以及设计规范，编制安全设施的设计文件。安全设施的设计不得随意降低安全设施的标准。

（二）生产经营单位在编制建设项目投资计划和财务计划时，应将安全设施所需投资一并纳入计划，同时编报。

（三）对于按照有关规定项目设计需报经主管部门批准的建设项目，

在报批时，应当同时报送安全设施设计文件；按照规定，安全设施设计需报主管的负有安全生产监督管理职责的部门审批的，应报主管的负有安全生产监督管理职责的部门批准。

（四）生产经营单位应当要求具体从事建设项目施工的单位严格按照安全设施的施工图纸和设计要求施工。安全设施与主体工程应同时进行施工，安全设施的施工不得偷工减料，降低建设质量。

（五）在生产设备调试阶段，应同时对安全设施进行调试和考核，并对其效果进行评价。

（六）建设项目验收时，应同时对安全设施进行验收。

（七）安全设施应当与主体工程同时投入生产和使用，不得只将主体工程投入使用，而将安全设施摆样子，不予使用。

从事矿山、金属冶炼和危险物品生产、储存、装卸作业活动，危险因素较多、危险性较大，是事故多发的领域。因此，《安全生产法》对矿山、金属冶炼建设项目和用于生产、储存、装卸危险物品的建设项目的设计、施工、验收作了专门规定：矿山、金属冶炼建设项目和用于生产、储存、装卸危险物品的建设项目，应当按照国家有关规定进行安全评价。

建设项目安全评价，是指在建设项目的可行性研究阶段的安全预评价，即根据建设项目可行性研究阶段报告的内容，运用科学的评价方法，分析和预测该建设项目存在的危险、危害因素的种类和危险、危害程度，提出合理可行的安全技术和管理对策，作为该建设项目初步设计中安全设计和建设项目安全管理、监察的重要依据。安全预评价通过分析生产过程中固有的或潜在的危险因素、危害后果以及消除和控制这些危险因素的技术措施和方案，分析建设项目选址、平面位置、安全措施是否符合法律、法规、国家标准或者行业标准、设计规范等国家规定，提出评价建议，并要求在安全设计中实施这些措施，从而保证建设项目的安全。安全预评价一般由生产经营单位委托取得相应资质的为安全生产提供技术服务的机构承担。

六、安全警示标志

《安全生产法》规定："生产经营单位应当在有较大危险因素的生产经营场所和有关设施、设备上，设置明显的安全警示标志。"安全警示标志，是指提醒人们注意的各种标牌、文字、符号以及灯光等。在生产经营中存在危险因素的地方设置安全警示标志，是对从业人员知情权的保障，有利于提高从业人员的安全生产意识，防止和减少生产安全事故的发生。

关于安全警示标志。一般由安全色、几何图形和图形符号构成，其目的是引起人们对危险因素的注意，预防生产安全事故的发生。根据现行有关规定，我国目前使用的安全色主要有 4 种：（1）红色，表示禁止、停止，也代表防火；（2）蓝色，表示指令或必须遵守的规定；（3）黄色，表示警告、注意；（4）绿色，表示安全状态、提示或通行。而我国目前常用的安全警示标志，根据其含义，也可分为 4 大类：（1）禁止标志，即圆形内画一斜杠，并用红色描画成较粗的圆环和斜杠，表示"禁止"或"不允许"的含义；（2）警告标志，即"△"，三角的背景用黄色，三角图形和三角内的图像均用黑色描绘，警告人们注意可能发生的各种危险；（3）指令标志，即"○"，在圆形内配上指令含义的颜色——蓝色，并用白色绘画必须履行的图形符号，构成"指令标志"，要求到这个地方的人必须遵守该指令；（4）提示标志，以绿色为背景的长方几何图形，配以白色的文字和图形符号，并标明目标的方向，即构成提示标志，如消防设备提示标志等。国家颁布了《安全标志及其使用导则》《矿山安全标志》等标准。生产经营单位应当按照这些规定设置安全警示标志。

七、生产经营场所和员工宿舍的安全要求

《安全生产法》规定："生产、经营、储存、使用危险物品的车间、商店、仓库不得与员工宿舍在同一座建筑物内，并应当与员工宿舍保持安全距离。"因为生产、经营、储存、使用危险物品的车间、商店、仓库等是重大危险源，很容易发生爆炸、中毒、火灾等事故，与员工宿舍在同一建

筑物内是非常危险的，所以，必须与员工宿舍保持安全距离。安全距离，是指在即使发生生产安全事故时，也不致造成宿舍内员工人身伤害的最低距离要求。安全距离的具体标准通常由有关的国家标准或者行业标准加以规定，从事与危险物品有关活动的生产经营单位必须遵守。

《安全生产法》还规定："生产经营场所和员工宿舍应当设有符合紧急疏散要求、标志明显、保持畅通的出口、疏散通道。禁止占用、锁闭、封堵生产经营场所或者员工宿舍的出口、疏散通道。"这就要求生产经营单位在建设员工宿舍时，就要充分考虑安全出口问题，安全出口应当符合紧急疏散需要；出口应当有明显标志，即标志应当设在容易看到的地方，并保证标志的清晰、规范、易于识别；出口还应保持畅通，不得有碍通行的物品，生产经营单位更不能以任何理由用上锁等方式，封闭、堵塞生产经营场所或者员工宿舍的出口、疏散通道。

八、危险作业的现场安全管理

《安全生产法》规定："生产经营单位进行爆破、吊装、动火、临时用电以及国务院应急管理部门会同国务院有关部门规定的其他危险作业，应当安排专门人员进行现场安全管理，确保操作规程的遵守和安全措施的落实。"爆破、吊装、动火、临时用电是比较常见的作业方式，特别是在矿山、建筑施工以及在大型机械制造等单位更是经常采用。由于爆破、吊装、动火、临时用电是危险作业，容易发生事故，而且一旦发生事故，将会对作业人员和有关人员造成较大的伤害。因此，进行危险作业时，作业人员必须严格按照操作规程进行操作，同时生产经营单位应当采取必要的事故防范措施，以防止生产安全事故的发生。

第四节　生产经营单位全员安全生产责任制

企业全员安全生产责任制是由企业根据安全生产法律法规和相关标准

要求，在生产经营活动中，根据企业岗位的性质、特点和具体工作内容，明确所有层级、各类岗位从业人员的安全生产责任，通过加强教育培训、强化管理考核和严格奖惩等方式，建立起安全生产工作"层层负责、人人有责、各负其责"的工作体系。全员安全生产责任制是企业最基本的一项安全制度，也是企业安全生产管理制度的核心。全面加强企业全员安全生产责任制工作，是推动企业落实安全生产主体责任的重要抓手，有利于减少企业"三违"现象（违章指挥、违章作业、违反劳动纪律）的发生，有利于降低因人的不安全行为造成的生产安全事故，对解决企业安全生产责任传导不力问题，维护广大从业人员的生命安全和职业健康具有重要意义。

一、依法依规制定生产经营单位全员安全生产责任制

生产经营单位主要负责人负责建立、健全生产经营单位的全员安全生产责任制。生产经营单位要按照《安全生产法》、《中华人民共和国职业病防治法》（以下简称《职业病防治法》）等法律法规规定，参照《企业安全生产标准化基本规范》（GB/T33000-2016）和《企业安全生产责任体系五落实五到位规定》（安监总办〔2015〕27号）等有关要求，结合企业自身实际，明确从主要负责人到一线从业人员（含劳务派遣人员、实习学生等）的安全生产责任、责任范围和考核标准。安全生产责任制应覆盖本单位所有组织和岗位，其责任内容、范围、考核标准要简明扼要、清晰明确、便于操作、适时更新。生产经营单位一线从业人员的安全生产责任制，要力求通俗易懂。

二、生产经营单位领导的安全生产职责

（一）生产经营单位主要负责人的安全生产职责

生产经营单位主要负责人，即厂长（经理、矿长）是企业法定代表人，也是企业安全生产的第一责任人，对企业的安全生产工作全面负责。

根据《安全生产法》规定，生产经营单位的主要负责人对本单位安全

生产工作负有下列职责：

1.建立健全并落实本单位全员安全生产责任制，加强安全生产标准化建设；

2.组织制定并实施本单位安全生产规章制度和操作规程；

3.组织制定并实施本单位安全生产教育和培训计划；

4.保证本单位安全生产投入的有效实施；

5.组织建立并落实安全风险分级管控和隐患排查治理双重预防工作机制，督促、检查本单位的安全生产工作，及时消除生产安全事故隐患；

6.组织制定并实施本单位的生产安全事故应急救援预案；

7.及时、如实报告生产安全事故。

根据《矿山安全法实施条例》规定，矿长（含矿务局局长、矿山公司经理）对本企业的安全生产工作负有下列责任：

1.认真贯彻执行《矿山安全法》和本条例以及其他法律、法规中有关矿山安全生产的规定；

2.制定本企业安全生产管理制度；

3.根据需要配备合格的安全工作人员，对每个作业场所进行跟班检查；

4.采取有效措施，改善职工劳动条件，保证安全生产所需要的材料、设备、仪器和劳动防护用品的及时供应；

5.依照本条例，对职工进行安全教育、培训；

6.制定矿山灾害的预防和应急计划；

7.及时采取措施，处理矿山存在的事故隐患；

8.及时、如实向劳动行政主管部门和管理矿山企业的主管部门报告矿山事故。

而且，根据《矿山安全法实施条例》规定，矿长应当定期向职工代表大会或者职工大会报告下列事项，接受民主监督：（1）企业安全生产重大决策；（2）企业安全技术措施计划及其执行情况；（3）职工安全教育、培训计划及其执行情况；（4）职工提出的改善劳动条件的建议和要求的处理情况；（5）重大事故处理情况；（6）有关安全生产的其他重要事项。

（二）副厂长（副经理、副矿长）的安全生产职责

副厂长（副经理、副矿长），按照谁主管谁负责的原则，在各自分管的业务范围内，对实现安全生产负责。

（三）主管安全工作的副厂长（副经理、副矿长）的安全生产职责

1.直接领导安全部门的工作，及时研究解决或审批有关安全生产的重大问题；

2.协助厂长（经理、矿长）组织制定、修订安全生产规章制度和编制安全技术措施计划，并认真组织实施；

3.组织全企业安全生产大检查，落实重大隐患的整改；

4.组织开展各类安全生产竞赛活动，总结推广先进经验，奖励先进集体和个人；

5.组织全企业的安全教育和考核工作；

6.按规定组织事故调查和上报；

7.定期召开安全生产委员会会议，分析企业安全生产动态，及时研究安全生产中出现的问题。

三、总工程师的安全生产职责

（一）按谁主管谁负责的原则，在技术上对本企业安全生产工作全面负责；

（二）加强安全技术管理，积极采用安全先进技术和安全防护装置，组织研究落实重大事故隐患整改方案；

（三）在组织新厂、新装置以及技术改造项目的设计、施工和投产时做到安全卫生设施与主体工程同时设计、同时施工、同时投入生产和使用；

（四）审查企业安全技术规程、操作规程和安全技术措施项目，保证技术上切实可行；

（五）负责组织制定生产岗位尘毒等有害物质的治理方案、规划，使之达到国家卫生标准；

（六）参加事故调查处理，组织技术力量对事故进行技术原因分析、鉴定，提出技术上的改进措施；

（七）按照上述安全职责，每年制定总工程师年度安全工作计划，逐条落实在当年具体工作安排中。

四、车间主任、副主任的安全生产职责

车间主任对本车间安全生产负全面责任，副主任对分管业务的安全工作负责。他们的主要职责如下。

（一）认真贯彻执行国家安全生产法律、法规和本企业的安全生产规章制度，落实企业的安全生产技术措施。

（二）组织制定本车间安全生产规章制度实施细则，监督实行岗位安全操作规程。

（三）组织对新工人进行车间安全教育和班组安全教育，对职工进行经常性安全教育；组织班组安全活动。

（四）组织全车间定期进行安全检查，发现隐患，及时整改。

（五）严格执行劳动保护用品、保健食品、清凉饮料管理制度。

（六）严格劳动纪律，杜绝违章指挥和违章作业。

（七）对本车间发生的事故及时报告和处理，注意保护事故现场，查清原因，严肃处理。

（八）配备合格的安全管理人员，支持车间安全员的工作，发挥班组安全员的作用。

五、工段长、班组长的安全生产职责

（一）组织职工学习、贯彻执行安全生产规章制度，教育职工遵章守纪，制止违章行为；

（二）组织职工参加"安全日""安全周""安全月"和安全生产竞赛等活动，表彰先进，推广经验；

（三）组织新工人上岗安全教育；

（四）组织安全检查，发现隐患，及时消除，并报告上级；

（五）发生事故立即报告，组织抢救，保护现场，做好记录，参加和协助调查，落实防范措施。

六、车间安全员的安全生产职责

（一）负责本车间的安全技术工作，协助车间主任贯彻执行安全生产各项规章制度和上级指示，并监督检查执行情况；

（二）参与车间制定、修订有关安全生产规章制度；

（三）负责编制车间安全措施计划，并检查执行情况；

（四）搞好本车间的安全教育和考核工作；

（五）安排好本车间各项安全活动，经常组织反事故演习；

（六）参与车间改、扩建项目的设计审查、竣工验收和设备改造、工艺变动方案的审查；

（七）检查落实动火制度，确保动火安全；

（八）每天深入现场检查，及时发现隐患，制止违章作业；

（九）负责车间安全设施、防护器材、灭火器材和事故隐患管理，掌握尘毒情况，提出改进意见和建议；

（十）参加车间各类事故的调查处理，做好统计分析和上报工作；

（十一）协助领导落实各项安全措施；

（十二）对班组安全员实行业务指导。

七、工人的安全生产职责

（一）认真学习和严格遵守各项安全生产规章制度、劳动纪律，不违章作业，劝阻并制止他人违章作业；

（二）精心操作，做好各项记录；

（三）按时、认真地进行安全检查，发现异常及时处理和报告；

（四）正确分析、判断和处理各种事故苗头，把事故消灭在萌芽状态；

（五）发现事故要果断、正确处理，及时如实地向上级报告，严格保护现场，做好记录；

（六）加强设备维护，保持作业现场整洁；

（七）按规定着装，妥善保管、正确使用各种防护用品和消防器材；

（八）积极参加各种安全活动。

八、生产经营单位的安全生产管理机构以及安全生产管理人员的职责

根据《安全生产法》规定，矿山、金属冶炼、建筑施工、运输单位和危险物品的生产、经营、储存、装卸单位，应当设置安全生产管理机构或者配备专职安全生产管理人员。其他生产经营单位，从业人员超过一百人的，应当设置安全生产管理机构或者配备专职安全生产管理人员；从业人员在一百人以下的，应当配备专职或者兼职的安全生产管理人员。生产经营单位的安全生产管理机构以及安全生产管理人员履行下列职责：

（一）组织或者参与拟订本单位安全生产规章制度、操作规程和生产安全事故应急救援预案；

（二）组织或者参与本单位安全生产教育和培训，如实记录安全生产教育和培训情况；

（三）组织开展危险源辨识和评估，督促落实本单位重大危险源的安全管理措施；

（四）组织或者参与本单位应急救援演练；

（五）检查本单位的安全生产状况，及时排查生产安全事故隐患，提出改进安全生产管理的建议；

（六）制止和纠正违章指挥、强令冒险作业、违反操作规程的行为；

（七）督促落实本单位安全生产整改措施。

生产经营单位可以设置专职安全生产分管负责人，协助本单位主要负责人履行安全生产管理职责。

九、其他职能部门的安全生产职责

其他一切职能部门和人员都有对各自业务范围内的安全生产负责的职

责，都应当积极支持、配合有关部门和生产工人搞好本单位安全生产。

思考题

1.安全生产法律法规有什么作用？

2.《安全生产法》的立法宗旨是什么？

3.生产经营单位的安全生产基本义务是什么？

4.生产经营单位应该具备哪些安全生产条件？

5.如何对职工进行安全生产教育和培训？

6.简述生产经营单位新建、改建、扩建工程项目的安全设施"三同时"原则的具体内容。

7.生产经营场所和员工宿舍的安全有什么要求？

8.生产经营单位主要负责人的安全生产职责是什么？

9.工人的安全生产职责是什么？

案例 1

国家矿山安全监察局陕西局对某煤矿有限公司及其相关负责人行政处罚案

2023 年 6 月 14 日　来源：应急管理部

基本案情

2022 年 5 月 26 日，国家矿山安全监察局陕西局执法人员接到举报后，对某煤矿有限公司进行了现场检查，发现该煤矿存在以下问题：一、违规将井下采煤工程承包给某矿建有限公司，将掘进工程承包给某建筑劳务工程有限公司；二、在 15104 综采工作面辅运顺槽使用过非防爆柴油发电机；三、2022 年 1 至 4 月份原煤产量均大于该矿年核定（设计）生产能力（60 万吨）的 10%；四、35204 综采工作面 5 月 12 日违反规定进行电焊作业；五、未对井下作业人员进行安全生产教育和培训考核，仍安排下井作业。上述行为违反了《国务院关于预防煤矿生产安全事故的特别规定》第 8 条第 2 款第（1）项、第（10）项、第（13）项，《煤矿重大事故隐患判定标准》第4条第（1）项、第13条第（1）项、第16条第（5）项，《煤矿安全规程》第254条第1款。

处理结果

国家矿山安全监察局陕西局依据《国务院关于预防煤矿生产安全事故的特别规定》第10条第1款、第11条第1款、第16条第2款，《安全生产违法行为行政处罚办法》第45条第（1）项、第53条，对某煤矿有限公司违法行为分别裁量、合并处罚，责令其限期改正，并作出责令停产整顿15日、罚款人民币386.5万元的行政处罚决定，将该煤矿有限公司存在重大事故隐患情况移交地方监管部门暂扣煤矿安全生产许可证；依据《国务院关于预防煤矿生产安全事故的特别规定》第10条第1款，《安全生产违法行为行政处罚办法》第45条第（1）项、第53条，对该煤矿有限公司法定代表人、总经理等相关责任人分别作出罚款人民币8万元、17.5万元的行政处罚决定。

典型意义

煤矿超能力、超强度生产、"隐形承包"是导致煤矿发生重特大事故的重要原因，也是《国务院关于预防煤矿生产安全事故的特别规定》明确的十五项重大隐患之一。该案执法人员在精准研判企业风险隐患基础上，科学制定执法检查方案，不仅对煤矿企业实施了严格处罚，还对企业的相关责任人员依法进行了处罚。通过"一案双罚"，推动煤矿企业正确处理安全与生产、安全与效益的关系，坚守法律底线，主动落实企业主体责任，督促企业相关负责人严格履行安全生产法定职责，不断提升煤矿企业本质安全水平，持续推动煤矿安全生产形势持续稳定向好。（责编：程宗恒）

📖 案例2

河南某武馆重大火灾事故

2021年6月25日，河南省某武馆发生火灾事故，造成18人死亡、11人受伤，直接经济损失2153.7万元。发生原因是，该武馆临街门面房一层北侧住房阁楼下层房间内使用蚊香不慎引燃纸箱、衣物等可燃物。

主要教训：一是消防安全主体责任不落实。该武馆没有消防安全管理制度，经营者及管理人员消防安全意识淡薄，对有关部门和单位检查指出的火灾隐患未整改，未组织开展灭火和应急疏散演练以及防火检查巡查。二是彩钢板加剧火灾危害。一层起火房间采用聚苯乙烯夹心彩钢板隔断，起火后迅速蔓延，大量高温有毒烟气涌入二层宿舍区，造成人员死亡。三是住宿经营二合一。该武馆在不具备消防安全条件的情况下，在临街门面房二层设置学员宿舍，违规集中住宿学员，由于没有采取实体分隔，且只有一部敞开式内楼梯，烟气通过楼梯迅速向上蔓延。四是违规设置防盗窗。起火建筑二层东侧窗户设置防盗窗，在楼梯被烟气和火焰封堵后，房间内人员无法通过窗户逃生。五是地方政府消防安全责任落实不到位。对校外培训机构监管不力，发现无证办学未采取措施依法取缔，非法校外培训活动长期存在；未认真履行消防监督检查职责，未及时发现并纠正违规使用彩钢板、安装防盗网等严重安全隐患，伪造检查记录；未建立基层消防安全组织，网格化管理流于形式，指导开展群众性消防工作不到位。

第三章　生产安全事故的报告与处理

第一节　生产安全事故概述

一、生产安全事故的概念

生产安全事故是指生产经营单位在生产经营活动（包括与生产经营活动有关的活动）中发生的造成人身损害或者设备设施损坏或者造成经济损失，使生产经营活动（或与生产经营活动有关的活动）被迫中止或永远终止的意外事件。

生产安全事故有4个原则：一是严格依法认定、适度从严的原则；二是从实际出发，适应我国当前安全管理的体制机制，事故认定范围不宜作大的调整；三是有利于保护事故伤亡人员及其亲属的合法权益，维护社会稳定；四是有利于加强安全生产监管职责的落实，消灭监管"盲点"，促进安全生产形势的稳定好转。

二、生产安全事故的基本特征

（一）事故主体的特定性：仅限于生产经营单位在从事生产经营活动中发生的事故。生产经营单位，是指从事生产活动或者经营活动的基本单元，既包括企业法人，也包括不具有企业法人资格的经营单位、个人合伙组织、个体工商户和自然人等其他生产经营主体；既包括合法的基本单元，也包括非法的基本单元。生产经营活动，既包括合法的生产经营活动，也包括违法违规的生产经营活动。

（二）事故地域的延展性：生产安全事故发生的地域范围是不固定的，但又是限定在有限范围内的。

（三）事故的破坏性：生产安全事故对人员或生产经营单位造成了一定的损害结果，造成了人员伤亡（包括急性中毒）或者给生产经营单位造成了直接经济损失，影响了生产经营活动正常开展，产生了严重的影响。

（四）事故的突发性：生产安全事故是短时间内突然发生的，不同于在某种危害因素长期影响下发生的其他损害事件，如职业病。

（五）事故的过失性：生产安全事故主要是人的过失造成的事故，同洪水、泥石流等不可抗力造成的灾害有本质的区别。如：因违章作业、冒险作业等发生的生产安全事故；工作环境不良、设备隐患等原因造成生产安全事故发生也应归为过失行为，是生产经营单位负责人员在本单位安全生产管理工作中存在过失行为，没有立即纠正、排除不良作业因素，放任不良因素继续存在致使发生事故。

三、生产安全事故的种类

根据不同的标准，生产安全事故可以划分为不同的种类。

国务院颁布的《生产安全事故报告和调查处理条例》，根据生产安全事故（以下简称事故）造成的人员伤亡或者直接经济损失，事故一般分为以下等级。

（一）特别重大事故。是指造成30人以上死亡，或者100人以上重伤（包括急性工业中毒，下同），或者1亿元以上直接经济损失的事故。

（二）重大事故。是指造成10人以上30人以下死亡，或者50人以上100人以下重伤，或者5000万元以上1亿元以下直接经济损失的事故。

（三）较大事故。是指造成3人以上10人以下死亡，或者10人以上50人以下重伤，或者1000万元以上5000万元以下直接经济损失的事故。

（四）一般事故。是指造成3人以下死亡，或者10人以下重伤，或者1000万元以下直接经济损失的事故。

国务院安全生产监督管理部门可以会同国务院有关部门，制定事故等级划分的补充性规定。

按照《企业职工伤亡事故分类标准》，还可以将事故分为20类，分别是物体打击、车辆伤害、机械伤害、起重伤害、触电、淹溺、灼烫、火灾、高处坠落、坍塌、冒顶片帮、透水、放炮、火药爆炸、瓦斯爆炸、锅炉爆炸、容器爆炸、其他爆炸、中毒和窒息、其他伤害。

第二节　生产安全事故的应急救援

一、生产安全事故应急救援概述

应急救援一般是指针对突发、具有破坏力的紧急事件采取预防、预备、响应和恢复措施的活动与计划。

生产安全事故应急救援是指在应急响应过程中，为消除、减少事故危害，防止事故扩大或恶化，最大限度地降低事故造成的损失或危害而采取的救援措施或行动。生产安全事故救援具有涉及行业领域多，专业化要求高，救援难度大等特点。一旦发生事故，是否具备专业、权威、高效的统一协调指挥机构，是应急救援能否取得成功的关键。因此，《安全生产法》对生产安全事故的应急救援作出了明确规定。

二、应急救援基地和应急救援队伍建设

《安全生产法》第 79 条第 1 款规定："国家加强生产安全事故应急能力建设，在重点行业、领域建立应急救援基地和应急救援队伍，并由国家安全生产应急救援机构统一协调指挥；鼓励生产经营单位和其他社会力量建立应急救援队伍，配备相应的应急救援装备和物资，提高应急救援的专业化水平。"第 82 条规定："危险物品的生产、经营、储存单位以及矿山、金属冶炼、城市轨道交通运营、建筑施工单位应当建立应急救援组织；生产经营规模较小的，可以不建立应急救援组织，但应当指定兼职的应急救援人员。危险物品的生产、经营、储存、运输单位以及矿山、金属冶炼、城市轨道交通运营、建筑施工单位应当配备必要的应急救援器材、设备和物资，并进行经常性维护、保养，保证正常运转。"这些规定明确了应急救援基地和应急救援队伍建设的基本要求。

　　在重点行业、领域建立应急救援基地和应急救援队伍，推进应急救援专业化处置能力建设，并明确生产安全事故应急救援统一指挥权。我国目前已经建立了多个国家级矿山救援基地和危险化学品救援基地，地方各级人民政府也积极推动矿山、危险化学品应急救援基地和中央企业应急救援队伍项目建设，在矿山、化工产业聚集区推动骨干应急救援队伍建设。同时，有关部门也加快推进公路交通、民航、铁路交通、水上搜救、船舶溢油、建筑施工、电力、核工业、旅游等重点行业、领域充分发挥组织优势、技术优势、人才优势，建设专业特色突出、布局配置合理的应急救援基地和队伍，配合各地综合应急救援队伍开展救援工作，基本实现应急救援力量在全国重要区域、行业领域全覆盖。同时，也鼓励专业应急救援基地在做好本生产经营单位应急救援工作的同时，积极参与社会应急救援工作，全面提高社会应急救援能力。

　　鼓励生产经营单位和其他社会力量建立应急救援队伍，配备相应的应急救援装备和物资，提高应急救援的专业化水平。加强生产经营单位专兼职救援队伍和职工队伍建设，是切实提高事故初期应急救援效果的重要手段。应按照专业救援和职工参与相结合、险时救援和平时防范相结合的原则，建设以专业队伍为骨干、兼职队伍为辅助、职工队伍为基础的企业应急队伍体系。依托大中型企业特别是高危行业企业建立的专职或者兼职应急救援队伍，逐步建立社会化的应急救援机制。各级负有安全监管职责的部门和有关大型央企国企要结合本地区、本企业安全生产应急救援需求实际，科学制定安全生产应急救援队伍装备配备标准，推动各类生产经营单位尤其是事故多发的高危行业领域企业合理配置各类应急救援装备。

　　为了保障危险物品的生产、经营、存储以及矿山、金属冶炼、城市轨道交通运营、建筑施工等高危行业生产经营单位的从业人员在事故发生时能及时得到救护，以尽可能减少事故造成的人员伤亡和财产损失，高危行业生产经营单位应当建立应急救援组织，指定兼职的应急救援人员。对于生产经营规模较小的高危行业生产经营单位，按照本条可以不建立应急救援组织，但应当指定兼职的应急救援人员。无论是专职的救援人员还是兼职的救援人员，都必须经过严格训练，符合要求才能担任救援人员。否则，可能造成不必要的损失。

三、生产安全事故应急救援预案

应急预案是指面对突发事件如自然灾害、重特大事故、环境公害及人为破坏的应急管理、指挥、救援计划等，它一般应当建立在综合防灾规划基础上。生产安全事故应急救援预案是针对具体设备、设施、场所和环境，在安全评价的基础上，为降低事故造成的人身、财产损失与环境危害，就事故发生后的应急救援机构和人员，应急救援的设备、设施、条件和环境，行动的步骤和纲领，控制事故发展的方法和程序等，预先作出的科学而有效的计划和安排。生产安全事故应急救援预案应当包括下列内容：（1）应急救援的指挥和协调机构；（2）有关部门在应急救援中的职责和分工；（3）应急救援组织及其人员、装备；（4）紧急处置、人员疏散、工程抢险、医疗急救等措施；（5）对生产安全事故引起的其他事故的应急措施；（6）应急救援的经费保障和物资储备。

（一）县级以上地方人民政府及乡、镇人民政府以及街道办事处等地方人民政府的生产安全事故应急救援预案

《安全生产法》第80条规定："县级以上地方各级人民政府应当组织有关部门制定本行政区域内生产安全事故应急救援预案，建立应急救援体系。乡镇人民政府和街道办事处，以及开发区、工业园区、港区、风景区等应当制定相应的生产安全事故应急救援预案，协助人民政府有关部门或者按照授权依法履行生产安全事故应急救援工作职责。"这是关于县级以上地方各级人民政府及乡、镇人民政府以及街道办事处应当制定生产安全事故应急救援预案的规定。

县级以上地方各级人民政府应当根据有关法律、法规、规章和标准的规定，结合本地区生产经营活动的特点、安全生产工作实际情况、危险性分析情况和可能发生的生产安全事故的特点，组织应急管理部门和其他负责相关行业、领域的专项安全生产监督管理的有关部门制定本行政区域内的生产安全事故应急预案。应急救援预案对应急组织和人员的职责分工应

当明确，并有具体的落实措施；应当有明确、具体的事故预防措施和应急程序，并与其应急能力相适应；应当有明确的应急保障措施，并满足本地区应急工作要求。地方各级人民政府编制应急救援预案，应当组织有关应急救援专家对应急预案进行审定，必要时，可以召开听证会，听取社会有关方面的意见。

《生产安全事故应急条例》规定，县级以上人民政府及其负有安全生产监督管理职责的部门和乡、镇人民政府以及街道办事处等地方人民政府派出机关，应当针对可能发生的生产安全事故的特点和危害，进行风险辨识和评估，制定相应的生产安全事故应急救援预案，并依法向社会公布。

（二）生产经营单位的应急救援预案

《安全生产法》第81条规定："生产经营单位应当制定本单位生产安全事故应急救援预案，与所在地县级以上地方人民政府组织制定的生产安全事故应急救援预案相衔接，并定期组织演练。"

生产经营单位应当根据有关法律、法规和国家其他有关规定，结合本单位的危险源状况、危险性分析情况和可能发生的事故特点，制定相应的应急救援预案。生产经营单位制定生产安全事故应急救援预案应当符合下列基本要求：（1）符合有关法律、法规、规章和标准的规定；（2）符合本单位的安全生产实际情况；（3）符合本单位的危险性分析情况；（4）应急组织和人员的职责分工明确，并有具体的落实措施；（5）有明确、具体的应急程序和处置措施，与其应急能力相适应；（6）有明确的应急保障措施，满足本单位的应急工作需要；（7）应急预案基本要素齐全、完整，应急预案附件提供的信息准确；（8）应急预案内容与相关应急预案相互衔接。

《生产安全事故应急条例》规定，生产经营单位应当针对本单位可能发生的生产安全事故的特点和危害，进行风险辨识和评估，制定相应的生产安全事故应急救援预案，并向本单位从业人员公布。

预案只是为实战提供了一个方案，保障生产安全事故发生时能够及时、协调、有序地开展应急救援等应急处置工作。因此需要生产经营单位通过经常性的演练提高实战能力和水平。按照《生产安全事故应急预案管理办法》的要求，生产经营单位应当制定本单位的应急预案演练计划，根据本单位的事故风险特点，每年至少组织一次综合应急预案演练或者专项应急预案演练，每半年至少组织一次现场处置方案演练。应急预案演练结束后，应急预案演练组织单位应当对应急预案演练效果进行评估，撰写应急预案演练评估报告，分析存在的问题，并对应急预案提出修订意见。同时，生产经营单位应当采取多种形式开展应急预案的宣传教育，普及生产安全事故避险、自救和互救知识，提高从业人员和社会公众的安全意识与应急处置技能；组织开展本单位的应急预案、应急知识、自救互救和避险逃生技能的培训活动，使有关人员了解应急预案内容，熟悉应急职责、应急处置程序和措施。

四、生产安全事故的应急救援

发生生产安全事故后，生产经营单位应当立即启动生产安全事故应急救援预案，采取下列一项或者多项应急救援措施，并按照国家有关规定报告事故情况：

（一）迅速控制危险源，组织抢救遇险人员；

（二）根据事故危害程度，组织现场人员撤离或者采取可能的应急措施后撤离；

（三）及时通知可能受到事故影响的单位和人员；

（四）采取必要措施，防止事故危害扩大和次生、衍生灾害发生；

（五）根据需要请求邻近的应急救援队伍参加救援，并向参加救援的应急救援队伍提供相关技术资料、信息和处置方法；

（六）维护事故现场秩序，保护事故现场和相关证据；

（七）法律、法规规定的其他应急救援措施。

有关地方人民政府及其部门接到生产安全事故报告后，应当按照国家有关规定上报事故情况，启动相应的生产安全事故应急救援预案，并按照应急救援预案的规定采取下列一项或者多项应急救援措施：

（一）组织抢救遇险人员，救治受伤人员，研判事故发展趋势以及可能造成的危害；

（二）通知可能受到事故影响的单位和人员，隔离事故现场，划定警戒区域，疏散受到威胁的人员，实施交通管制；

（三）采取必要措施，防止事故危害扩大和次生、衍生灾害发生，避免或者减少事故对环境造成的危害；

（四）依法发布调用和征用应急资源的决定；

（五）依法向应急救援队伍下达救援命令；

（六）维护事故现场秩序，组织安抚遇险人员和遇险遇难人员亲属；

（七）依法发布有关事故情况和应急救援工作的信息；

（八）法律、法规规定的其他应急救援措施。

有关地方人民政府不能有效控制生产安全事故的，应当及时向上级人民政府报告。上级人民政府应当及时采取措施，统一指挥应急救援。

第三节　生产安全事故的报告

一、生产安全事故报告概述

生产安全事故报告，是指生产安全事故发生后向有关部门的紧急报告，而不是生产安全事故调查组所写的调查报告。

《生产安全事故报告和调查处理条例》规定："事故报告应当及时、准确、完整，任何单位和个人对事故不得迟报、漏报、谎报或者瞒报。"事故报告是事故调查处理的前提。事故发生后，及时、准确、完整地报告事故，对于及时、有效地组织事故救援，减少事故损失，顺利开展事故调查具有非常重要的意义。

二、生产安全事故报告的主要内容

生产安全事故报告必须及时，即事故发生后必须在规定时间内以最快的方式，如电话、电报、电传等，直接或逐级向有关部门报告事故情况。生产安全事故报告必须准确，即事故时间、地点、人员伤亡等关键要素的报告要力求准确，不得含混不清。生产安全事故报告必须完整，即事故经过要完整详细，各环节之间的来龙去脉、因果关系要交代清楚，信息来源及核查渠道等要明确具体。如事故发生后短时间内无法掌握全面情况，可按事故报告时限要求先书面报送基本情况，进一步核查了解新情况后再及时续报。报告事故应当包括下列内容：

（一）事故发生单位概况；

（二）事故发生的时间、地点以及事故现场情况；

（三）事故的简要经过；

（四）事故已经造成或者可能造成的伤亡人数（包括下落不明的人数）和初步估计的直接经济损失；

（五）已经采取的措施；

（六）其他应当报告的情况，如联系人及电话等。

三、生产安全事故报告的基本要求

根据《安全生产法》《生产安全事故报告和调查处理条例》，生产安全事故报告的基本要求如下。

（一）生产经营单位有关人员以及单位负责人对生产安全事故的报告

《安全生产法》第 83 条规定："生产经营单位发生生产安全事故后，事故现场有关人员应当立即报告本单位负责人。单位负责人接到事故报告后，应当迅速采取有效措施，组织抢救，防止事故扩大，减少人员伤亡和财产损失，并按照国家有关规定立即如实报告当地负有安全生产监督管理职责的部门，不得隐瞒不报、谎报或者迟报，不得故意破坏事故现场、毁灭有关证据。"依照这一规定，生产经营单位发生生产安全事故后，事故现场有关人员应当立即报告本单位负责人，使本单位负责人及时得知事故情况，马上组织抢救工作。单位负责人接到事故报告后，应当按照国家有关规定立即如实报告当地负有安全生产监督管理职责的部门，不得以任何理由隐瞒不报、谎报或者迟报。这里首先需要明确本条中几个用语的含义。事故现场，是指事故具体发生地点及事故能够影响和波及的区域，以及该区域内的物品、痕迹所处的状态。有关人员，主要是指事故发生单位在事故现场的有关工作人员，既可以是事故的负伤者，也可以是在事故现场的其他工作人员；在发生人员死亡和重伤无法报告，且事故现场又没有其他工作人员时，任何首先发现事故的人都属于有关人员，负有立即报告事故的义务。立即报告是指在事故发生后的第一时间用最快捷的报告方式进行报告，不拘于报告形式。单位负责人可以是事故发生单位的主要负责人，也可以是事故发生单位主要负责人以外的其他分管安全生产工作的副职领导或其他负责人。根据企业的组织形式，主要负责人可以是公司制企业的董事长、总经理、首席执行官或者其他实际履行经理职责的企业负责人，也可以是非公司制企业的厂长、经理、矿长等企业行政"一把手"。由于事故报告的紧迫性，现场有关人员只要将事故报告到事故单位的指挥中心（如调度室、监控室），由指挥中心启动应急程序，也可视为向本单位负责人报告。

根据《生产安全事故报告和调查处理条例》的有关规定，发生生产安全事故的生产经营单位应当按照下列程序作出报告。（1）事故发生后，事故现场有关人员应当立即向本单位负责人报告。（2）单位负责人接到报告后，应当于1小时内向事故发生地县级以上人民政府安全生产监督管理部门和负有安全生产监督管理职责的有关部门报告。在现代通信技术比较发达的条件下，这一要求既能保证事故单位采取相关应急措施，又能保证应急管理部门和其他负有安全生产监督管理职责的有关部门较快地获取事故的相关情况。需要注意的是，本条中"当地负有安全生产监督管理职责的部门"包括当地县级以上人民政府应急管理部门和对事故单位负有安全生产监督管理职责的其他相关部门。因此，事故单位负责人既有向县级以上人民政府应急管理部门报告的义务，又有向负有安全生产监督管理职责的其他有关部门报告的义务。（3）情况紧急时，事故现场有关人员可以直接向事故发生地县级以上人民政府安全生产监督管理部门和负有安全生产监督管理职责的有关部门报告，以利于积极组织事故救援力量调度。在一般情况下，事故现场有关人员应当向本单位负责人报告事故，但是，事故是人命关天的大事，应当在情况紧急时，允许事故现场有关人员直接向应急管理部门和负有安全生产监督管理职责的有关部门报告。至于"情况紧急"应该作较为灵活的理解，比如事故单位负责人联系不上、事故重大需要政府部门迅速调集救援力量等情形。对于负有安全生产监督管理职责的部门和具体工作人员来说，只要接到事故现场有关人员的报告，不论是否属于"情况紧急"，都应当立即赶赴现场，并积极组织事故救援。

单位负责人接到事故报告后，应当迅速采取有效措施，组织抢救，防止事故扩大，减少人员伤亡和财产损失。生产安全事故发生后，组织抢救是生产经营单位的首要任务。组织抢救包括组织救护组织抢救和从业人员自救。

事故发生后，有关单位和人员应当妥善保护事故现场以及相关证据，任何单位和个人不得破坏事故现场、毁灭相关证据。事故现场保护的主要任务就是在现场勘查之前，维持现场的原始状态，既不使它减少任何痕迹、物品，也不使它增加任何痕迹、物品。在事故调查组未进入事故现场前，企业应派专人看护现场，保护事故现场，必须根据事故现场的具体情况和周围环境，划定保护区的范围，布置警戒，必要时，将事故现场封锁起来，禁止一切人员进入保护区，即使是保护现场的人员，也不能无故出入，更不能擅自进行勘查，禁止随意触摸或者移动事故现场的任何物品。因抢救人员、防止事故扩大以及疏通交通等原因，需要移动事故现场物件的，应当作出标志，绘制现场简图并作出书面记录，妥善保存现场重要痕迹、物证，并应当尽量使现场少受破坏。同时，移动物件必须经过事故单位负责人或者组织事故调查的应急管理部门和负有安全生产监督管理职责的有关部门的同意。

（二）负有安全生产监督管理职责的部门对生产安全事故的报告

《安全生产法》第84条规定："负有安全生产监督管理职责的部门接到事故报告后，应当立即按照国家有关规定上报事故情况。负有安全生产监督管理职责的部门和有关地方人民政府对事故情况不得隐瞒不报、谎报或者迟报。"这里的"负有安全生产监督管理职责的部门"是指县级以上应急管理部门和对发生生产安全事故的生产经营单位负有安全生产监督管理职责的其他有关部门。应急管理部门和其他负有安全生产监督管理职责的有关部门接到事故报告后，应当按照规定向上级应急管理部门和负有安全生产监督管理职责的有关部门报告事故情况，不得隐瞒不报、谎报或者迟报。

根据《生产安全事故报告和调查处理条例》，安全生产监督管理部门和负有安全生产监督管理职责的有关部门接到事故报告后，应当依照下列规定上报事故情况，并通知公安机关、劳动保障行政部门、工会和人民检察院：（1）特别重大事故、重大事故逐级上报至国务院安全生产监督管理部门和负有安全生产监督管理职责的有关部门；（2）较大事故逐级上报至省、自治区、直辖市人民政府安全生产监督管理部门和负有安全生产监督管理职责的有关部门；（3）一般事故上报至设区的市级人民政府安全生产监督管理部门和负有安全生产监督管理职责的有关部门。安全生产监督管理部门和负有安全生产监督管理职责的有关部门依照上述规定上报事故情况，应当同时报告本级人民政府。国务院安全生产监督管理部门和负有安全生产监督管理职责的有关部门以及省级人民政府接到发生特别重大事故、重大事故的报告后，应当立即报告国务院。必要时，安全生产监督管理部门和负有安全生产监督管理职责的有关部门可以越级上报事故情况。

在报告时限上，《生产安全事故报告和调查处理条例》进一步规定，安全生产监督管理部门和负有安全生产监督管理职责的有关部门逐级上报事故情况，每级上报的时间不得超过 2 小时。因此，事故的报告，从生产安全事故单位负责人报告，到最后报至国务院，均不得超过最长时限。

（三）事故报告后出现新情况的，应当及时补报

自事故发生之日起 30 日内，事故造成的伤亡人数发生变化的，应当及时补报。道路交通事故、火灾事故自发生之日起 7 日内，事故造成的伤亡人数发生变化的，应当及时补报。

第四节 生产安全事故的调查

发生生产安全事故，除及时组织应急救援外，还应及时做好事故调查工作。《生产安全事故报告和调查处理条例》规定："事故调查处理应当坚持实事求是、尊重科学的原则，及时、准确地查清事故经过、事故原因和事故损失，查明事故性质，认定事故责任，总结事故教训，提出整改措施，并对事故责任者依法追究责任。""县级以上人民政府应当依照本条例的规定，严格履行职责，及时、准确地完成事故调查处理工作。事故发生地有关地方人民政府应当支持、配合上级人民政府或者有关部门的事故调查处理工作，并提供必要的便利条件。参加事故调查处理的部门和单位应当互相配合，提高事故调查处理工作的效率。"

一、生产安全事故调查的具体分工

根据《生产安全事故报告和调查处理条例》，事故调查的具体分工如下。

特别重大事故由国务院或者国务院授权有关部门组织事故调查组进行调查。

重大事故、较大事故、一般事故分别由事故发生地省级人民政府、设区的市级人民政府、县级人民政府负责调查。省级人民政府、设区的市级人民政府、县级人民政府可以直接组织事故调查组进行调查，也可以授权或者委托有关部门组织事故调查组进行调查。

未造成人员伤亡的一般事故，县级人民政府也可以委托事故发生单位组织事故调查组进行调查。

上级人民政府认为必要时，可以调查由下级人民政府负责调查的事故。

自事故发生之日起30日内（道路交通事故、火灾事故自发生之日起7

日内），因事故伤亡人数变化导致事故等级发生变化，依照《生产安全事故报告和调查处理条例》规定应当由上级人民政府负责调查的，上级人民政府可以另行组织事故调查组进行调查。

特别重大事故以下等级事故，事故发生地与事故发生单位不在同一个县级以上行政区域的，由事故发生地人民政府负责调查，事故发生单位所在地人民政府应当派人参加。

二、生产安全事故调查组

（一）事故调查组的组成

事故调查组的组成应当遵循精简、效能的原则。

根据事故的具体情况，事故调查组由有关人民政府、安全生产监督管理部门、负有安全生产监督管理职责的有关部门、监察机关、公安机关以及工会派人组成，并应当邀请人民检察院派人参加。

事故调查组可以聘请有关专家参与调查。

事故调查组成员应当具有事故调查所需要的知识和专长，并与所调查的事故没有直接利害关系。

事故调查组组长由负责事故调查的人民政府指定。事故调查组组长主持事故调查组的工作。

（二）事故调查组的职责

事故调查组履行下列职责：

1.查明事故发生的经过、原因、人员伤亡情况及直接经济损失；

2.认定事故的性质和事故责任；

3.提出对事故责任者的处理建议；

4.总结事故教训，提出防范和整改措施；

5.提交事故调查报告。

事故调查组有权向有关单位和个人了解与事故有关的情况，并要求其提供相关文件、资料，有关单位和个人不得拒绝。

事故发生单位的负责人和有关人员在事故调查期间不得擅离职守，并应当随时接受事故调查组的询问，如实提供有关情况。

事故调查中发现涉嫌犯罪的，事故调查组应当及时将有关材料或者其复印件移交司法机关处理。

事故调查中需要进行技术鉴定的，事故调查组应当委托具有国家规定资质的单位进行技术鉴定。必要时，事故调查组可以直接组织专家进行技术鉴定。技术鉴定所需时间不计入事故调查期限。

事故调查组必须坚持及时准确、客观公正、实事求是、尊重科学的原则。

（三）事故调查组成员的义务

事故调查组成员在事故调查工作中应当诚信公正、恪尽职守，遵守事故调查组的纪律，保守事故调查的秘密。

未经事故调查组组长允许，事故调查组成员不得擅自发布有关事故的信息。

三、生产安全事故调查的原则

根据《安全生产法》《国务院关于坚持科学发展安全发展促进安全生产形势持续稳定好转的意见》，事故调查应遵循的原则是：科学严谨、依法依规、实事求是、注重实效。

科学严谨是指事故调查要尊重事故发生的客观规律，采取科学的方法，认真、细致、全面地获取、分析事故调查收集的每一份证据、材料。生产安全事故的调查处理具有很强的科学性和技术性，特别是事故原因的调查，往往需要做很多技术上的分析和研究，利用很多技术手段。事故调查组要有科学的态度，不主观臆想，不轻易下结论，努力做到客观、公正；要注意充分发挥专家和技术人员的作用，把对事故原因的查明，事故责任的分析、认定建立在科学的基础上。

依法依规是指事故调查工作要严格遵守有关法律、法规的规定，经过必要的程序，保证调查程序的公正和调查结果的公正。目前，一些法律、法规和规章对于事故调查作出了具体的规定，事故发生后，事故调查主体、调查程序和调查结果的认定，要严格按照这些规定执行。对于事故性质、原因和责任的分析，也要按照有关规定和标准进行，做到于法有据。

实事求是是指要根据客观存在的情况和证据，研究与事故发生有关的事实，寻求事故发生的原因。在事故调查中，必须全面、彻底查清生产安全事故的原因，不得夸大事故事实或缩小事故事实，不得弄虚作假。要从实际出发，在查明事故原因的基础上明确事故责任。提出处理意见要实事求是，不得从主观出发，不能感情用事，要根据事故责任划分，按照法律、法规和国家有关规定对事故责任人提出处理意见。

注重实效是指事故调查中既要对事实进行充分、准确的还原，也要注重调查的效率，还要在调查过程中及时发现问题，总结教训，对今后的类似事故起到警示的作用。

四、生产安全事故调查的主要任务

事故调查的主要任务包括以下几个方面。

一是及时、准确地查清事故原因。查清事故发生的经过和事故原因，是事故调查处理的首要任务和内容，也是进行下一步分清责任，出具处理意见的基础。查清事故原因，重在及时、准确。及时，就是应在规定的时间内尽快查出事故原因。准确，是指应当客观地、全面地反映事故发生的原因。

二是查明事故性质和责任。这是指要查明事故的类型和具体责任的承担。事故性质是指事故是人为事故还是自然事故，是意外事故还是责任事故。查明事故性质是认定事故责任的基础和前提。如果事故纯属自然事故或者意外事故，则不需要认定事故责任。如果是人为事故和责任事故，就应当查明哪些人员对事故负有责任，并确定其责任。

三是评估应急处置工作。事故发生后，应当采取应急处置工作，但是应急处置采取的措施是否科学、合理，需要进行评估。《生产安全事故应急条例》中要求，按照国家有关规定成立的生产安全事故调查组应当对应急救援工作进行评估，并在事故调查报告中作出评估结论。

四是总结事故教训，提出整改措施。通过查明事故经过和事故原因，发现安全生产管理工作的漏洞，从事故中总结教训，并提出整改措施，防止今后类似事故再次发生，这是事故调查处理的重要任务和内容之一，也是事故调查处理的根本目的。

五是对事故责任单位和人员提出处理意见。生产安全事故责任追究制度是我国安全生产领域的一项基本制度。对事故责任单位和具体责任人员分别提出不同的处理建议，使有关责任者受到合理的处理，包括给予党纪处分、行政处分或者建议追究相应的刑事责任，这对于增强有关单位和人员的责任心，提高生产经营单位预防事故的水平和提高地方人民政府及其监管部门的责任意识，预防事故再次发生，具有重要的警示意义。

五、事故责任的划分

生产安全事故发生后，如何划分事故责任和提出处理意见是很重要的一个方面，事故责任的分析和划分必须在查清事故原因的基础上进行。确定事故责任者之前，必须根据事故调查所确定的事实，分析出事故发生的直接原因和间接原因，找出与这些原因相对应的人员及其与事故的关系，最后确定事故责任者和提出处理意见。

（一）事故责任划分及处理意见应按下列步骤进行

1.按照事故调查确定的事实；

2.按照有关组织管理（劳动组织、规程标准、规章制度、教育培训、操作方法）及生产技术因素（如规划设计、施工、安装、维护检修、生产指标），追究最初造成安全状态（事故隐患）人员的责任；

3.按照有关技术规定的性质、明确程度、技术难度，追究属于明显违反规定的不安全行为人的责任；

4.根据事故后果（性质轻重、损失大小）和责任者应负的责任以及认识态度提出处理意见。

（二）事故责任的划分

1.事故责任者分为 3 类

即直接责任者、主要责任者、领导责任者。直接责任者指其行为与事故的发生有直接关系的人员，即其行为直接造成机械、物质或环境的不安全状态，直接发生不安全行为。主要责任者指对事故的发生起主要作用的人员。领导责任者指对事故的发生负有领导责任的人员。

2.有下列情况之一时，应由肇事者或有关人员负直接责任或主要责任

（1）违章指挥或违章作业、冒险作业造成事故的；

（2）违反安全生产责任制和操作规程造成伤亡事故的；

（3）违反劳动纪律、擅自开动机械设备或擅自拆除、毁坏、挪用安全装置和设备，造成事故的。

直接责任者和主要责任者按事故发生原因的具体情况，有的是同一个人员，有的是两个以上的人员，如冲床操作工人将完好的安全装置拆除而引起冲手指的事故。这种不安全行为是发生事故的直接原因，又是主要原因。该工人是事故的直接责任者，又是主要责任者；又如维修手持电钻的维修电工将相线和保护零线接头装反了，操作工人未戴绝缘手套，接通电源打孔时发生触电事故。虽然操作工人接通电源时，因手持电钻外壳和相线连接而触电，但主要原因是维修电工将相线和保护零线接反了，故维修电工是主要责任者，操作工人只是直接责任者而不是主要责任者。

3.有下列情况之一时，有关领导应负领导责任

（1）由于安全生产规章、责任制度和操作规程不健全，职工无章可循，造成伤亡事故的；未按规定对职工进行安全教育和技术培训或职工未经考试合格上岗操作造成伤亡事故的。

（2）机械设备超过检修期限或超负荷运行，或因设备有缺陷又不采取措施，造成伤亡事故的。

（3）基本建设工程和技术改造项目中，尘毒治理和安全设施不与主体工程同时设计、审批、同时施工、同时验收、投产使用，造成伤亡事故的。

根据事故的大小和性质，对事故责任者给予不同程度的处罚，处罚的形式分行政处罚、经济处罚和刑事处罚。划分事故责任前，首先要掌握有关人员对安全生产应负的责任。对没有尽职尽责或违反法律、法规、规章的应给予适当处罚。

六、事故调查报告

事故调查组应当自事故发生之日起 60 日内提交事故调查报告；特殊情况下，经负责事故调查的人民政府批准，提交事故调查报告的期限可以适当延长，但延长的期限最长不超过 60 日。

事故调查报告应当包括下列内容：

（一）事故发生单位概况；

（二）事故发生经过和事故救援情况；

（三）事故造成的人员伤亡和直接经济损失；

（四）事故发生的原因和事故性质；

（五）事故责任的认定以及对事故责任者的处理建议；

（六）事故防范和整改措施。

事故调查报告应当附具有关证据材料。事故调查组成员应当在事故调查报告上签名。

事故调查报告报送负责事故调查的人民政府后，事故调查工作即告结束。事故调查的有关资料应当归档保存。

第五节　生产安全事故的处理

一、生产安全事故处理的原则

（一）实事求是、尊重科学的原则。就是对事故调查处理时，不仅要揭示事故发生的内外原因，找出事故发生的机理，研究事故发生的规律，制定预防事故重复发生的措施，做出事故性质和事故责任的认定，依法对有关责任人进行处理，而且据此为政府加强安全生产，防范重特大事故，实施宏观调控政策和对策提供科学的依据，这一切都源于事故调查的结论。差之毫厘，谬以千里。事故的结论正确与否，对后续工作的影响非常重大。因此，事故调查处理必须以事实为依据，以法律为准绳，严肃认真对待，不得有丝毫疏漏。

（二）"四不放过"的原则。即事故原因没有查清楚不放过，事故责任者没有受到处理不放过，群众没有受教育不放过，防范措施没有落实不放过。这 4 个不放过互相联系，相辅相成，成为一个预防事故再次发生的防范系统。

（三）公正、公开的原则。公正，就是实事求是，以事实为依据，以法律为准绳，既不准包庇事故责任人，也不得借机对事故责任人打击报复，更不得冤枉无辜；公开，就是对事故调查处理的结果在一定范围内公开。它的作用主要有 3 点：一是能引起全社会对安全生产工作的重视；二是能使较大范围的干部群众吸取事故的教训；三是挽回事故的影响。

（四）分级管辖的原则。事故的调查处理是依照事故的分类级别来进行的，根据目前我国有关法律、法规的规定，事故调查和处理分别依据的是《特别重大事故调查程序暂行规定》（国务院 34 号令）和《生产安全事故报告和调查处理条例》。

二、生产安全事故处理的规定

（一）重大事故、较大事故、一般事故，负责事故调查的人民政府应当自收到事故调查报告之日起 15 日内做出批复；特别重大事故，30 日内做出批复，特殊情况下，批复时间可以适当延长，但延长的时间最长不超过 30 日。

有关机关应当按照人民政府的批复，依照法律、行政法规规定的权限和程序，对事故发生单位和有关人员进行行政处罚，对负有事故责任的国家工作人员进行处分。

事故发生单位应当按照负责事故调查的人民政府的批复，对本单位负有事故责任的人员进行处理。

负有事故责任的人员涉嫌犯罪的，依法追究刑事责任。

（二）事故发生单位应当认真吸取事故教训，落实防范和整改措施，防止事故再次发生。防范和整改措施的落实情况应当接受工会和职工的监督。

安全生产监督管理部门和负有安全生产监督管理职责的有关部门应当对事故发生单位落实防范和整改措施的情况进行监督检查。

（三）事故处理的情况由负责事故调查的人民政府或者其授权的有关部门、机构向社会公布，依法应当保密的除外。

第六节　安全生产法律责任

一、安全生产法律责任的概念及构成要件

安全生产法律责任，是指安全生产法律关系主体在安全生产工作中，由于违反安全生产法律、法规、规章和标准的规定所引起的强制性的不利法律后果。

安全生产法律责任的构成要件，是指责任人承担安全生产法律责任所必须具备的法定条件，包括行为违法、行为有危害后果、违法行为与危害后果之间有因果关系、行为人有过错。

二、《安全生产法》关于法律责任的规定

《安全生产法》规定："国家实行生产安全事故责任追究制度，依照本法和有关法律、法规的规定，追究生产安全事故责任单位和责任人员的法律责任。"这是事故责任追究的基本规定。依法严肃追究生产安全事故有关责任人员的法律责任，对于惩罚和教育责任者本人，促使有关人员提高责任心，认真吸取事故教训，保证有关安全生产的法律、法规得到遵守，保障安全生产，具有十分重要的意义。

生产安全事故责任人员，既包括生产经营单位中对事故负有责任的人

员，也包括政府及其有关部门对事故的发生负有领导责任或者有失职、渎职情形的有关人员，特殊情况下还可能包括上述人员以外的其他人员。

(一) 负有安全生产监督管理职责的部门的工作人员的法律责任

《安全生产法》规定，负有安全生产监督管理职责的部门的工作人员，有下列行为之一的，给予降级或者撤职的处分；构成犯罪的，依照刑法有关规定追究刑事责任：

1.对不符合法定安全生产条件的涉及安全生产的事项予以批准或者验收通过的；

2.发现未依法取得批准、验收的单位擅自从事有关活动或者接到举报后不予取缔或者不依法予以处理的；

3.对已经依法取得批准的单位不履行监督管理职责，发现其不再具备安全生产条件而不撤销原批准或者发现安全生产违法行为不予查处的；

4.在监督检查中发现重大事故隐患，不依法及时处理的。

负有安全生产监督管理职责的部门的工作人员有前款规定以外的滥用职权、玩忽职守、徇私舞弊行为的，依法给予处分；构成犯罪的，依照刑法有关规定追究刑事责任。

负有安全生产监督管理职责的部门，要求被审查、验收的单位购买其指定的安全设备、器材或者其他产品的，在对安全生产事项的审查、验收中收取费用的，由其上级机关或者监察机关责令改正，责令退还收取的费用；情节严重的，对直接负责的主管人员和其他直接责任人员依法给予处分。

(二) 承担安全评价、认证、检测、检验职责的机构的法律责任

承担安全评价、认证、检测、检验职责的机构出具失实报告的，责令停业整顿，并处3万元以上10万元以下的罚款；给他人造成损害的，依法承担赔偿责任。承担安全评价、认证、检测、检验职责的机构租借资质、挂靠、出具虚假报告的，没收违法所得；违法所得在10万元以上的，并处违法所得2倍以上5倍以下的罚款，没有违法所得或者违法所得不足10万元的，单处或者并处10万元以上20万元以下的罚款；对其直接负责的主管人员和其他直接责任人员处5万元以上10万元以下的罚款；给他人造成损害的，与生产经营单位承担连带赔偿责任；构成犯罪的，依照刑法有关规定追究刑事责任。对有前款违法行为的机构及其直接责任人员，吊销其相应资质和资格，5年内不得从事安全评价、认证、检测、检验等工作；情节严重的，实行终身行业和职业禁入。

（三）生产经营单位主要负责人的法律责任

《安全生产法》规定：生产经营单位的决策机构、主要负责人或者个人经营的投资人不依照本法规定保证安全生产所必需的资金投入，致使生产经营单位不具备安全生产条件的，责令限期改正，提供必需的资金；逾期未改正的，责令生产经营单位停产停业整顿。有前款违法行为，导致发生生产安全事故的，对生产经营单位的主要负责人给予撤职处分，对个人经营的投资人处2万元以上20万元以下的罚款；构成犯罪的，依照刑法有关规定追究刑事责任。

生产经营单位的主要负责人未履行本法规定的安全生产管理职责的，责令限期改正，处2万元以上5万元以下的罚款；逾期未改正的，处5万元以上10万元以下的罚款，责令生产经营单位停产停业整顿。生产经营单位的主要负责人有前款违法行为，导致发生生产安全事故的，给予撤职处分；构成犯罪的，依照刑法有关规定追究刑事责任。生产经营单位的主要负责人依照前款规定受刑事处罚或者撤职处分的，自刑罚执行完毕或者受处分之日起，5年内不得担任任何生产经营单位的主要负责人；对重大、特别重大生产安全事故负有责任的，终身不得担任本行业生产经营单位的主要负责人。

生产经营单位的主要负责人未履行本法规定的安全生产管理职责，导致发生生产安全事故的，由应急管理部门依照下列规定处以罚款：

1. 发生一般事故的，处上1年年收入40%的罚款；
2. 发生较大事故的，处上1年年收入60%的罚款；
3. 发生重大事故的，处上1年年收入80%的罚款；
4. 发生特别重大事故的，处上1年年收入100%的罚款。

（四）生产经营单位的其他负责人和安全生产管理人员的法律责任

生产经营单位的其他负责人和安全生产管理人员未履行本法规定的安

全生产管理职责的，责令限期改正，处 1 万元以上 3 万元以下的罚款；导致发生生产安全事故的，暂停或者吊销其与安全生产有关的资格，并处上 1 年年收入 20% 以上 50% 以下的罚款；构成犯罪的，依照刑法有关规定追究刑事责任。

（五）生产经营单位的法律责任

1.生产经营单位有下列行为之一的，责令限期改正，处 10 万元以下的罚款；逾期未改正的，责令停产停业整顿，并处 10 万元以上 20 万元以下的罚款，对其直接负责的主管人员和其他直接责任人员处 2 万元以上 5 万元以下的罚款：

（1）未按照规定设置安全生产管理机构或者配备安全生产管理人员、注册安全工程师的；

（2）危险物品的生产、经营、储存、装卸单位以及矿山、金属冶炼、建筑施工、运输单位的主要负责人和安全生产管理人员未按照规定经考核合格的；

（3）未按照规定对从业人员、被派遣劳动者、实习学生进行安全生产教育和培训，或者未按照规定如实告知有关的安全生产事项的；

（4）未如实记录安全生产教育和培训情况的；

（5）未将事故隐患排查治理情况如实记录或者未向从业人员通报的；

（6）未按照规定制定生产安全事故应急救援预案或者未定期组织演练的；

（7）特种作业人员未按照规定经专门的安全作业培训并取得相应资格，上岗作业的。

2.生产经营单位有下列行为之一的，责令停止建设或者停产停业整顿，限期改正，并处 10 万元以上 50 万元以下的罚款，对其直接负责的主管人员和其他直接责任人员处 2 万元以上 5 万元以下的罚款；逾期未改正的，处 50 万元以上 100 万元以下的罚款，对其直接负责的主管人员和其他直接责任人员处 5 万元以上 10 万元以下的罚款；构成犯罪的，依照刑法有关规定追究刑事责任：

（1）未按照规定对矿山、金属冶炼建设项目或者用于生产、储存、装卸危险物品的建设项目进行安全评价的；

（2）矿山、金属冶炼建设项目或者用于生产、储存、装卸危险物品的建设项目没有安全设施设计或者安全设施设计未按照规定报经有关部门审查同意的；

（3）矿山、金属冶炼建设项目或者用于生产、储存、装卸危险物品的建设项目的施工单位未按照批准的安全设施设计施工的；

（4）矿山、金属冶炼建设项目或者用于生产、储存、装卸危险物品的建设项目竣工投入生产或者使用前，安全设施未经验收合格的。

3.生产经营单位有下列行为之一的，责令限期改正，处5万元以下的罚款；逾期未改正的，处5万元以上20万元以下的罚款，对其直接负责的主管人员和其他直接责任人员处1万元以上2万元以下的罚款；情节严重的，责令停产停业整顿；构成犯罪的，依照刑法有关规定追究刑事责任：

（1）未在有较大危险因素的生产经营场所和有关设施、设备上设置明显的安全警示标志的；

（2）安全设备的安装、使用、检测、改造和报废不符合国家标准或者行业标准的；

（3）未对安全设备进行经常性维护、保养和定期检测的；

（4）关闭、破坏直接关系生产安全的监控、报警、防护、救生设备、设施，或者篡改、隐瞒、销毁其相关数据、信息的；

（5）未为从业人员提供符合国家标准或者行业标准的劳动防护用品的；

（6）危险物品的容器、运输工具，以及涉及人身安全、危险性较大的海洋石油开采特种设备和矿山井下特种设备未经具有专业资质的机构检测、检验合格，取得安全使用证或者安全标志，投入使用的；

（7）使用应当淘汰的危及生产安全的工艺、设备的；

（8）餐饮等行业的生产经营单位使用燃气未安装可燃气体报警装置的。

4.生产经营单位有下列行为之一的，责令限期改正，处10万元以下的罚款；逾期未改正的，责令停产停业整顿，并处10万元以上20万元以下的罚款，对其直接负责的主管人员和其他直接责任人员处 2 万元以上 5 万元以下的罚款；构成犯罪的，依照刑法有关规定追究刑事责任：

（1）生产、经营、运输、储存、使用危险物品或者处置废弃危险物品，未建立专门安全管理制度、未采取可靠的安全措施的；

（2）对重大危险源未登记建档，未进行定期检测、评估、监控，未制定应急预案，或者未告知应急措施的；

（3）进行爆破、吊装、动火、临时用电以及国务院应急管理部门会同国务院有关部门规定的其他危险作业，未安排专门人员进行现场安全管理的；

（4）未建立安全风险分级管控制度或者未按照安全风险分级采取相应管控措施的；

（5）未建立事故隐患排查治理制度，或者重大事故隐患排查治理情况未按照规定报告的。

5.生产经营单位未采取措施消除事故隐患的，责令立即消除或者限期消除，处 5 万元以下的罚款；生产经营单位拒不执行的，责令停产停业整顿，对其直接负责的主管人员和其他直接责任人员处 5 万元以上 10 万元以下的罚款；构成犯罪的，依照刑法有关规定追究刑事责任。

6.生产经营单位有下列行为之一的，责令限期改正，处 5 万元以下的罚款，对其直接负责的主管人员和其他直接责任人员处 1 万元以下的罚款；逾期未改正的，责令停产停业整顿；构成犯罪的，依照刑法有关规定追究刑事责任：

（1）生产、经营、储存、使用危险物品的车间、商店、仓库与员工宿舍在同一座建筑内，或者与员工宿舍的距离不符合安全要求的；

（2）生产经营场所和员工宿舍未设有符合紧急疏散需要、标志明显、保持畅通的出口、疏散通道，或者占用、锁闭、封堵生产经营场所或者员工宿舍出口、疏散通道的。

7.生产经营单位存在下列情形之一的，负有安全生产监督管理职责的部门应当提请地方人民政府予以关闭，有关部门应当依法吊销其有关证照。生产经营单位主要负责人 5 年内不得担任任何生产经营单位的主要负责人；情节严重的，终身不得担任本行业生产经营单位的主要负责人：

（1）存在重大事故隐患，180日内3次或者1年内4次受到本法规定的行政处罚的；

（2）经停产停业整顿，仍不具备法律、行政法规和国家标准或者行业标准规定的安全生产条件的；

（3）不具备法律、行政法规和国家标准或者行业标准规定的安全生产条件，导致发生重大、特别重大生产安全事故的；

（4）拒不执行负有安全生产监督管理职责的部门作出的停产停业整顿决定的。

8.发生生产安全事故，对负有责任的生产经营单位除要求其依法承担相应的赔偿等责任外，由应急管理部门依照下列规定处以罚款：

（1）发生一般事故的，处30万元以上100万元以下的罚款；

（2）发生较大事故的，处100万元以上200万元以下的罚款；

（3）发生重大事故的，处200万元以上1000万元以下的罚款；

（4）发生特别重大事故的，处1000万元以上2000万元以下的罚款。

发生生产安全事故，情节特别严重、影响特别恶劣的，应急管理部门可以按照前款罚款数额的2倍以上5倍以下对负有责任的生产经营单位处以罚款。

（六）从业人员的法律责任

生产经营单位的从业人员不落实岗位安全责任，不服从管理，违反安全生产规章制度或者操作规程的，由生产经营单位给予批评教育，依照有关规章制度给予处分；构成犯罪的，依照刑法有关规定追究刑事责任。

思考题

1.生产安全事故有哪些基本特征？

2.生产安全事故分哪些种类？

3.如何制定生产安全事故应急救援预案？

4.发生生产安全事故后，生产经营单位应采取哪些应急救援措施？

5.生产安全事故报告的主要内容有哪些?

6.生产安全事故报告的基本要求是什么?

7.生产安全事故调查组如何组成?有什么职责?

8.生产安全事故调查的原则是什么?

9.生产安全事故调查的主要任务是什么?

10.生产安全事故处理的原则是什么?

11.简述生产经营单位主要负责人的安全生产法律责任。

📖 案例1

山西通报处理某能源有限公司三交煤矿两起瞒报事故

2022年6月2日　来源:央视网

2022年5月10日,某能源有限公司三交煤矿发生一起井口罐笼与电机车挤伤致死1人的运输事故。5月12日,该矿又发生一起井下施工集中辅助运输大巷时顶板冒落致1死1伤的顶板事故。该矿两起事故均为瞒报事故,反映出煤矿企业负责人及相关人员无视国家法律法规、无视矿工生命安全,性质恶劣、影响极坏。为深刻吸取事故教训,切实落实国务院安全生产委员会"十五条"硬措施和我省安全生产大检查大整治大提升行动"五十六条"具体举措,特提出以下要求。

一、切实提高政治站位。各级煤矿安全监管部门、各煤矿企业要认真贯彻落实习近平总书记关于安全生产、能源安全重要讲话重要指示批示精神,切实把思想和行动统一到党中央国务院及省委省政府的决策部署上来,严格落实全省煤矿安全防范视频会议、全省煤炭增产保供和产能新增工作会议精神,坚持人民至上、生命至上,坚持统筹发展和安全,牢固树立"不出事故就是对保供最大支持""保安全就是保供应"的理念,坚决扛起保供应和保安全的重大政治责任,毫不松懈抓好煤矿大检查大整治大提升行动,着力防范化解重大安全风险,坚决遏制煤矿各类事故发生,努力实现高质量发展和高水平安全良性互动,以实际行动捍卫"两个确立",做到"两个维护"。

二、不断加强机电运输管理。煤矿企业要针对煤矿高负荷生产、接续失调带来的风险实际，严格落实双重预防管控机制，不断加强煤矿运输安全风险研判管控。特别是要对提升机、电机车、胶轮车、运输皮带、架空乘人装置、单轨吊等运输设备的安全可靠状况逐一排查整治，加强维护、检修及安全技术性能测试、检验及探伤，坚决杜绝提升运输设备"带病"运转。要强化煤矿运输安全现场管理，严格落实运输作业前检查确认制度和"行人不行车、行车不行人"运输制度，严禁运输"超速、超载、超员"。

三、落实落地顶板安全管控措施。矿长必须严格履行第一责任人责任，建立健全顶板支护设计、审批、作业规程及施工措施、矿压观测、支护效果检验一整套支护技术管理体系和责任制度，定期开展顶板风险辨识和顶板隐患专项排查治理，严格执行支护设计、作业规程和安全技术措施，严格落实敲帮问顶及矿压观测、监测制度，严禁空顶作业，严把支护质量关，强化巷道维修、扩刷及特殊地点、特殊环节、特殊时段顶板施工安全措施落实，坚决杜绝各类"三违"行为。

四、进一步加强安全监管执法。各级煤矿安全监管部门要深入扎实开展安全生产大检查，加大执法力度，特别是要将煤矿生产组织和包保责任落实作为重点检查内容，严厉打击以保供名义超能力超强度生产、超层越界开采、隐蔽工作面开采等违法违规行为。同时，要抓好煤矿建设项目安全，严格执行基本建设程序和安全规程，严厉查处违法分包转包、挂靠资质和不切实际抢进度、压工期等行为，严禁煤矿井下违规使用劳务派遣工，防止失管失控引发事故。

五、严肃查处事故迟报、瞒报、谎报和漏报行为。该两起瞒报事故要严格按照"四不放过"和"科学严谨、依法依规、实事求是、注重实效"的原则进行调查处理，做到从严、从重、从快，特别是对组织和参与瞒报事故的单位和人员，要按照有关规定上限严格追究责任；对涉嫌犯罪的，要按照《安全生产法》《刑法修正案（十一）》及《生产安全事故报告和调查处理条例》等法律法规的规定，依法追究责任。各市、县应急管理部门和煤矿企业要引以为戒，加强应急值守，严格执行生产安全事故报告制度，重奖激励安全生产隐患和事故举报。对核查认定的瞒报事故，一律由上级安委会挂牌督办，并提级调查，严肃查处生产安全事故隐瞒不报、谎报或者拖延不报行为，严格追究直接责任人、负有管理和领导责任的人员的责任。（编辑：陈诗文　责任编辑：刘亮）

案例 2

安徽批复某重大道路交通事故
调查报告：7 人被追究刑责，多人被处理

2023 年 7 月 5 日　来源：央视网

安徽应急管理厅网站 7 月 5 日消息，安徽省人民政府批复关于某重大道路交通事故调查报告，同意调查组对事故原因分析和性质的认定、事故责任认定和有关处理建议以及提出的防范措施和整改建议。

2021 年 11 月 15 日 22 时 11 分许，某区境内发生一起重大道路交通事故，共造成 10 人死亡，6 人受伤。

调查报告认定，该起重大道路交通事故是一起生产安全责任事故。事故的直接原因是许某某驾驶机动车在事发道路路口违反交通信号灯通行、超速行驶，撞击行驶至路口并向西左转弯车辆，导致事故发生。事故的间接原因是车辆所有人陈某某将车辆内部座椅非法改装用于运送务工人员，驾驶人李某某驾驶机件不符合技术标准具有安全隐患的机动车载人超过核定人数上路行驶，加重了事故后果；有关责任企业在施工期间未按要求在事故路段设置封闭围挡；有关单位在事故路段未竣工验收的情况下，违反规定允许社会车辆通行；属地党委、政府及有关行业主管部门监管不到位。

调查报告指出，7 名有关责任人员已被依法追究刑事责任，4 名有关责任人员和 4 家责任单位被给予相应的行政处罚。纪检监察机关已对 8 家单位和 14 名公职人员予以问责处理。

调查报告提出事故整改和防范措施建议，一是要树牢安全发展理念，全方位守住安全底线。地方党委和政府及其有关部门要认真贯彻落实习近平总书记关于安全生产的重要指示精神，深刻汲取事故教训，建立健全道路交通安全责任体系。二是要压实监管责任，开展专项排查整治。要建立健全

道路隐患协同治理长效机制，加强部门协调配合。公安交管部门要加大对超速、超员、超载、私自改装车辆等严重违法行为的查处力度，强化对重点用工场所集散地、短期劳动工人输出集散地和周边道路的执法检查和警示提示；住房和城乡建设部门要强化对市政道路建设工程的源头管理，严格审批把关，强化对未正式交付道路的安全管控，做好对各类停工项目停工期间的隐患排查治理和安全防护，坚决杜绝道路未竣工先通车情况；城市管理部门要加大渣土车"打非治违"工作力度，严厉查处违法违规的渣土运输行为；市场监管和公安交管部门要立即开展针对机动车检验行业的专项整治，坚决打击车辆违法违规检验和出具虚假检验报告行为，督促机动车检验机构加强人员教育培训；交通运输部门要强化道路货物运输重点领域安全管理，督促货运企业落实安全生产主体责任，加大对道路运输市场监管力度，在农忙时节、线上购物集中时段，有效打击各类非法营运行为。三是要加大交通安全宣传力度，提升人员安全意识。地方政府及其有关部门要加大对广大交通参与者的安全宣传工作力度，提高其出行安全意识和应急处置能力。（编辑：苏璇 责任编辑：刘亮）

第四章　职业病防治法相关知识

第一节 《职业病防治法》概述

一、职业病概念及种类

（一）职业病概念

职业病，是指企业、事业单位和个体经济组织等用人单位的劳动者在职业活动中，因接触粉尘、放射性物质和其他有毒、有害因素而引起的疾病。由国家确认并经法定程序公布的职业病，称为法定职业病。职业病的主要特点是患者多、危害大，广泛分布于各行业，尤其是中小企业。职业病流动性大，危害因素隐蔽，发病晚，危害容易被忽视。职业病危害造成巨大的经济损失，影响深远。

构成法定职业病，必须具备4个要件：

1. 患病主体必须是企业、事业单位或者个体经济组织的劳动者；

2. 必须是在从事职业活动的过程中产生的；

3. 必须是因接触粉尘、放射性物质和其他有毒、有害物质等职业病危害因素而引起的，其中放射性物质是指放射性同位素或射线装置发出的 α 射线、β 射线、γ 射线、χ 射线、中子射线等电离辐射；

4. 必须是国家公布的职业病分类和目录所列的职业病。

在上述4个要件中，缺少任何一个要件，都不属于《中华人民共和国职业病防治法》（以下简称《职业病防治法》）所称的职业病。

（二）职业病种类

目前我国职业病分为职业性尘肺病及其他呼吸系统疾病、职业性皮肤病、职业性眼病、职业性耳鼻喉口腔疾病、职业性化学中毒、物理因素所致职业病、职业性放射性疾病、职业性传染病、职业性肿瘤、其他职业病10类132种。其中最常见职业病为皮肤病、尘肺、职业中毒。具体包括如下：

1.职业性尘肺病及其他呼吸系统疾病，包括矽肺、煤工尘肺、石墨尘肺、石棉肺、滑石尘肺、过敏性肺炎、哮喘等19种；

2.职业性皮肤病，包括接触性皮炎、光接触性皮炎、电光性皮炎、黑变病等9种；

3.职业性眼病，包括化学性眼部灼伤、电光性眼炎、白内障（含放射性白内障、三硝基甲苯白内障）3种；

4.职业性耳鼻喉口腔疾病，包括噪声聋、铬鼻病、牙酸蚀症、爆震聋4种；

5.职业性化学中毒，包括铅及其化合物中毒（不包括四乙基铅）、汞及其化合物中毒、锰及其化合物中毒、镉及其化合物中毒、铍病、铊及其化合物中毒、钡及其化合物中毒、砷及其化合物中毒、二氧化硫中毒、氨中毒、苯中毒等60种；

6.物理因素所致职业病，包括中暑、减压病、高原病、航空病等7种；

7.职业性放射性疾病，包括外照射急性放射病、外照射亚急性放射病、外照射慢性放射病、内照射放射病、放射性皮肤疾病等11种；

8.职业性传染病，包括炭疽、森林脑炎、布鲁氏菌病等5种；

9.职业性肿瘤，包括石棉所致肺癌、间皮瘤、联苯胺所致膀胱癌、苯所致白血病等11种；

10.其他职业病，包括金属烟热、滑囊炎（限于井下工人）、股静脉血栓综合征、股动脉闭塞症或淋巴管闭塞症（限于刮研作业人员）3种。

二、职业病危害

（一）职业病危害概念

职业病危害，指对从事职业活动的劳动者可能导致职业病的各种危害。

（二）职业病危害因素

职业病危害因素包括：职业活动中存在的各种有害的化学、物理、生物等因素，以及在作业过程中产生的其他职业有害因素。

《职业病防治法》第 16 条中规定，职业病危害因素分类目录由国务院卫生行政部门制定、调整并公布。

三、《职业病防治法》简介

（一）职业病防治法概念

职业病防治法是调整规范预防、控制和消除职业病危害，防治职业病的法律规范的总称。

2001 年 10 月 27 日，第九届全国人民代表大会常务委员会第二十四次会议通过了《中华人民共和国职业病防治法》（以下简称《职业病防治法》），并以第 60 号主席令颁布，2002 年 5 月 1 日起施行。《中华人民共和国职业病防治法》是我国第一部有关职业病防治的单行法律。根据 2011 年 12 月 31 日第十一届全国人民代表大会常务委员会第二十四次会议《关于修改〈中华人民共和国职业病防治法〉的决定》第一次修正。根据 2016 年 7 月 2 日第十二届全国人民代表大会常务委员会第二十一次会议《关于修改〈中华人民共和国节约能源法〉等六部法律的决定》第二次修正。根据 2017 年 11 月 4 日第十二届全国人民代表大会常务委员会第三十次会议《关于修改〈中华人民共和国会计法〉等十一部法律的决定》第三次修正。根据 2018 年 12 月 29 日第十三届全国人民代表大会常务委员会第七次会议《关于修改〈中华人民共和国劳动法〉等七部法律的决定》第四次修正。

（二）《职业病防治法》立法的目的

立法目的又称立法宗旨，是制定一部法律的总纲，只有纲举才能目张，其他所有法律条文的内容都是为实现立法目的而服务的。《职业病防治法》第 1 条规定："为了预防、控制和消除职业病危害，防治职业病，保护劳动者健康及其相关权益，促进经济社会发展，根据宪法，制定本法。"这一规定明确了《职业病防治法》立法的 4 方面目的。

1.预防、控制和消除职业病危害

职业病危害，是指对从事职业活动的劳动者可能导致职业病的各种危害。目前，我国存在的主要职业病危害有以下三个方面。一是粉尘危害。尘肺是我国发病人数最多、最常见的职业病。在劳动生产过程中能引起尘肺的粉尘多达数十种。其中主要以矽尘和煤尘引起的尘肺病人最多，约占全国尘肺发病人数的87%，是我国尘肺防治的重点。二是毒物危害。据职业病报告统计，近年来我国重大职业中毒事故呈不断上升趋势。引起中毒的化学物质40多类。每年全国报告各类急、慢性职业中毒几千人，死亡数百人。三是放射性污染危害。目前，射线技术和核技术在我国工业、农业、医学、科研教学和国防等领域已广泛应用，其潜在的职业病危害不断增加。由于放射线看不见、摸不着，无味，一旦发生事故，危害严重。因粉尘、放射性物质和其他有毒、有害物质的作业会导致劳动者神经系统、血液系统、心脏、肝脏、肾脏、皮肤严重损害，致死、致残和严重摧残身心，其危害程度远远高于生产安全事故和交通事故。因此，需要通过立法以国家强制力来预防职业病危害，控制和消除已经存在的职业病危害。

2.防治职业病

防治职业病是《职业病防治法》的直接立法目的。职业病是一种严重危害劳动者健康的疾病，是指企业、事业单位和个体经济组织等用人单位的劳动者在职业活动中，因接触粉尘、放射性物质和其他有毒、有害因素而引起的疾病。一旦罹患职业疾病，很难治愈，不仅会致劳动者部分或者全部丧失劳动能力、死亡，还会给国家经济建设和社会发展带来巨大损害。我国法定职业病分10类132种。职业病是一种人为疾病，是与人们从事职业活动或者生产劳动紧紧联系在一起的一类特殊健康问题。人类的生存发展有赖于经济的发展，发展经济必须有大量的劳动者从事生产劳动和各种社会活动。因此，如何在经济发展的同时，预防和控制职业病危害，保护劳动者健康和宝贵的劳动力资源，就成为各国政府非常关心的问题。《职业病防治法》的立法目的就是通过从源头上预防、控制和消除职业病危害，逐步彻底消除职业病对劳动者健康的危害。

3.保护劳动者健康及其相关权益

保护劳动者健康及其相关权益是《职业病防治法》立法目的的核心。《职业病防治法》通过规定劳动者在职业活动中享有的职业卫生保护的权利和用人单位在保护劳动者健康方面的义务，依法让用人单位在保护劳动者的健康及其相关权益上负起责任，用制度来保护劳动者健康及其相关权益，体现了以人为本的理念和依法治国的要求。

4.促进经济社会发展

劳动者是社会财富的创造者，是生产力中最活跃的因素。劳动者健康素质的高低，直接关系到一个国家的生产力发展水平和发展质量。只有加强职业病防治，预防、控制和消除职业病危害，才能保障劳动者的身体健康，才能使劳动者精神饱满地投入现代化建设中，才能促进社会生产力的发展。依法预防、控制和消除职业病危害，防治职业病，还可以给国家、用人单位减少不必要的经济损失、减轻社会和用人单位的负担，依法保护劳动者的健康及其相关权益，为国家和社会创造出更多的财富。同时，加强职业病防治往往是与采用先进技术，实现生产过程的机械化和自动化，以及改进操作方法等密切相连的，这样，不仅可以大大改善劳动条件，减轻劳动强度，也能促进劳动生产率的提高。

四、职业病防治的方针

根据《职业病防治法》规定，我国职业病防治的方针是：预防为主、防治结合。

（一）预防为主

预防为主是指在职业病防治工作中，要把预防职业病的发生作为根本的目的和首要措施，控制职业病危害源头，并在一切职业活动中尽可能消除和控制职业病危害因素的产生，使工作场所职业卫生状况达到不损害劳动者健康的水平。

1.职业病危害的特点决定了控制消除职业病应当以预防为主

职业病的特点如下。（1）病因的明确性。职业病有明确的病因，职业病和职业病危害因素之间有明确的因果关系。（2）后果的不可逆性。限于医学科学发展的水平，目前多数职业病没有特效治疗方法。（3）可预防性。职业病是在人们的职业活动中产生的，如果没有职业病危害，或者对职业病危害采取有效的预防措施，就可以避免职业病危害的发生。因此，职业病是完全可以预防和控制的。

2.预防为主的方针在职业病防治法中的具体体现

预防为主作为职业病防治立法的一项基本方针，在《职业病防治法》各章中得到了具体体现。在《职业病防治法》中，按照3级预防的原则，职业病防治的预防体现在3个层次。

第一级预防是使劳动者尽可能不接触职业病危害因素。主要措施有：（1）建设项目"三同时"制度；（2）职业病危害项目申报制度；（3）放射、高毒等作业的特殊管理制度；（4）用人单位职业卫生管理制度；（5）职业病危害警示和告知制度；（6）作业场所职业病危害检测评价制度；（7）特殊人群保护等。

第二级预防是早期发现病损，采取补救措施。主要措施有：（1）劳动者健康监护制度；（2）职业病危害事故应急救援预案和措施等。

第三级预防是对已患职业病者，做出正确诊断，及时处理。主要措施有：（1）职业病病人的诊断、鉴定制度；（2）职业病病人的待遇保障。

（二）防治结合

在突出预防为主的同时，要坚持防治结合。"防"是为了不产生职业病危害，"治"是为了在职业病危害产生后，尽可能降低职业病危害的后果和损失。这里的"治"有两方面含义：一是治理。这是在法律中的主要含义，是指对已存在的职业病危害的识别、评价和控制过程。特别是在当前我国现有职业病危害普遍存在的情况下，必须列入政府的治理计划，限期治理。二是治疗保障。是指职业病患者获得医疗、康复保障的法律规定。

在《职业病防治法》中，防治结合主要体现在以下几个方面。

1.在做好建设项目职业卫生"三同时"、预防职业病危害产生的同时，要抓好现有用人单位的职业病危害治理。

2.用人单位在职业病防治工作中，要将"防"和"治"有机结合起来。要通过作业场所检测、评价等管理机制，建立职业病危害识别、评价和控制的动态管理过程，及时发现问题，不断进行治理，通过"治"实现

"防"。

3.用人单位要通过开展劳动者健康监护，建立健康监护档案，动态检测劳动者的健康状况，及时发现健康隐患，并制定、落实职业病危害事故应急救援预案，防范职业病危害事故的发生。同时，一旦发生职业病危害事故，应当积极开展职业病病人的救治，挽救患者生命，减少事故损失。

4.政府在职业病防治的管理中，将预防职业病的发生同职业病发生后的处置相结合。政府通过建设项目管理、职业病危害申报、工作场所职业病危害监督等措施，防范职业病危害事故发生。但是，在用人单位违反法律规定，导致职业病危害事故发生后，依法予以处理，通过治理整顿，督促用人单位改善劳动条件，有利于实现预防的目的。

五、职业病防治机制

根据《职业病防治法》规定，我国职业病防治机制"建立用人单位负责、行政机关监管、行业自律、职工参与和社会监督的机制"。

（一）用人单位负责。职业活动是以用人单位为基础进行的，职业活动中产生的职业病危害因素是用人单位所能控制的。因此，用人单位是职业病防治的主体，应认真落实预防、控制措施，加强职业健康管理和职业病人救治，规范用工行为等主体责任。《职业病防治法》规定："用人单位的主要负责人对本单位的职业病防治工作全面负责。"

（二）行政机关监管。职业卫生监督管理机关应按照职责分工，依法履行职业卫生监管职责。

（三）行业自律。通过行业规范约束行业内的企业行为，促使企业从自身健康发展的需求和保护劳动者健康的角度出发，自觉开展职业病防治工作。

（四）职工参与。职工对违反职业病防治法律、法规以及危及生命健康的行为有权提出批评、检举和控告。《职业病防治法》规定："工会组织依法对职业病防治工作进行监督，维护劳动者的合法权益。用人单位制定或者修改有关职业病防治的规章制度，应当听取工会组织的意见。"

（五）社会监督。任何单位和个人有权对违反《职业病防治法》的行为进行检举和控告。

六、职业病防治的原则

职业病防治工作应当贯彻分类管理和综合治理的原则。

（一）分类管理

分类管理是指在职业病防治工作中，根据不同的职业病危害的致病性质、严重程度等，采取不同的管理措施。在《职业病防治法》中，分类管理的原则主要体现在以下几方面。

1.法定职业病的目录管理。职业病有广义和狭义之分。广义的职业病是指所有与职业活动有关的疾病，狭义的职业病是指特定的职业病目录上列明的职业病。《职业病防治法》明确规定了职业病的定义和名单管理的原则。

2.建设项目的分类管理。《职业病防治法》将建设项目分为可能产生职业病危害的建设项目和职业病危害严重的建设项目两类。规定建设项目可能产生职业病危害的，建设单位应当在可行性论证阶段提交职业病危害预评价报告，并经过卫生行政部门审核同意。在竣工验收前，应当进行职业病危害控制效果评价和竣工验收。对于职业病危害严重的建设项目，除上述规定外，还规定其防护设施设计，应当经卫生行政部门进行卫生审查，符合国家职业卫生标准和卫生要求的，方可施工。

3.特殊职业病危害的管理。《职业病防治法》规定，国家对从事放射性、高毒等作业实行特殊管理。特殊管理办法由国务院制定。

（二）综合治理

《职业病防治法》规定的综合治理原则，主要有以下几方面。

1.在职业病防治活动中应当采取一切有效的管理和技术措施，包括立法、行政、经济、科技、民主管理和社会监督等。

2.职业病防治工作是一项复杂的社会工程，应当建立全面的社会管理体系。卫生行政部门统一负责，各有关部门在各自的职责范围内分工合作，实现职业病防治工作的有效管理。

3.用人单位在职业病防治工作中，要通过建立健全管理制度、采用无害替代工艺、采取工程防护设施、配备个人防护用品、提高劳动者防护意识等各种措施，达到预防和控制职业病危害的目的。

第二节　职业病危害的前期预防

一、工作场所的基本要求

工作场所的职业卫生状况如何，直接影响劳动者的生理、心理健康，影响劳动生产率。为了保护劳动者的健康，《职业病防治法》明确规定了工作场所的基本要求。

（一）职业病危害因素的强度或者浓度符合国家职业卫生标准

这是对工作场所最基本的职业卫生要求，它要求工作场所中存在的各种化学性、生物性职业病危害因素的浓度、物理因素和其他职业病有害因素的强度必须在国家卫生标准规定允许范围内，确保工作场所对在该场所工作的劳动者的健康基本无害。违反这一规定，用人单位将有可能被处 5 万—20 万元的罚款，情节严重的将被责令停业或关闭。

（二）有与职业病危害防护相适应的设施

职业病防护设施是以消除或者降低工作场所的职业病危害因素浓度或强度，减少职业病危害因素对劳动者健康的损害或影响，达到保护劳动者健康目的的装置，如通风、排毒、除尘、屏蔽、隔离等设施。这些设施应当能有效地消除或者降低工作场所的职业病危害因素浓度或强度，使之符合国家卫生标准。如果这些设施不能使工作场所的职业病危害因素浓度或强度符合国家卫生标准，则可认定为无效，将有可能被处 5 万—20 万元的罚款，情节严重的将被责令停业或关闭。

（三）生产布局合理，符合有害与无害作业分开的原则

这一规定的目的是使劳动者尽可能减少接触职业病危害因素，要求总

平面布置、厂区和设备等生产布局、生产流程必须合理，有害作业与无害作业必须分开，确保从事无害作业的劳动者避免接触职业病危害因素。同时也缩小了有害作业的范围，减少了职业病防护设施的配备量，使职业卫生防护设施更加有效。既有利于保障劳动者健康，又有利于降低生产成本。

（四）有配套的更衣间、洗浴间、孕妇休息间等卫生设施

用人单位应当根据劳动者数量，配备相应数量、面积的更衣间、洗浴间。另外，用人单位还应根据劳动者人数、生活、生理需求，配置相应数量的孕妇休息室、哺乳间、食堂、饮水间、厕所等卫生设施。

（五）设备、工具、用具等设施符合保护劳动者生理、心理健康的要求

生产设备、工具、用具等设施必须适合劳动者的生理特点，如适当的操作高度、作业难度、精细度、劳动强度等，使劳动者能在较为舒适的体位、姿势下作业，减少局部和全身疲劳，避免肌肉、骨骼和器官损伤；同时，劳动条件、劳动组织和作业环境还应适合劳动者的心理特点，应为劳动者创造身心愉快的作业环境。

（六）法律、行政法规和国务院卫生行政部门关于保护劳动者健康的其他要求。

二、职业病危害项目申报制度

职业危害项目是指存在或者产生职业危害因素的项目。《职业病防治法》规定：国家建立职业病危害项目申报制度。用人单位工作场所存在职业病目录所列职业病的危害因素的，应当及时、如实向所在地卫生行政部门申报危害项目，接受监督。职业病危害因素分类目录由国务院卫生行政部门制定、调整并公布。职业病危害项目申报的具体办法由国务院卫生行政部门制定。

根据《职业病危害项目申报办法》规定，用人单位（煤矿除外）工作场所存在职业病目录所列职业病的危害因素的，应当及时、如实向所在地

安全生产监督管理部门申报危害项目，并接受安全生产监督管理部门的监督管理。

职业病危害项目申报工作实行属地分级管理的原则。中央企业、省属企业及其所属用人单位的职业病危害项目，向其所在地设区的市级人民政府安全生产监督管理部门申报。其他用人单位的职业病危害项目，向其所在地县级人民政府安全生产监督管理部门申报。

用人单位申报职业病危害项目时，应当提交《职业病危害项目申报表》和下列文件、资料：

（一）用人单位的基本情况；

（二）工作场所职业病危害因素种类、分布情况以及接触人数；

（三）法律、法规和规章规定的其他文件、资料。

职业病危害项目申报同时采取电子数据和纸质文本两种方式。

用人单位有下列情形之一的，应当按照第 8 条规定向原申报机关申报变更职业病危害项目内容：

（一）进行新建、改建、扩建、技术改造或者技术引进建设项目的，自建设项目竣工验收之日起 30 日内进行申报；

（二）因技术、工艺、设备或者材料等发生变化导致原申报的职业病危害因素及其相关内容发生重大变化的，自发生变化之日起 15 日内进行申报；

（三）用人单位工作场所、名称、法定代表人或者主要负责人发生变化的，自发生变化之日起 15 日内进行申报；

（四）经过职业病危害因素检测、评价，发现原申报内容发生变化的，自收到有关检测、评价结果之日起 15 日内进行申报。

三、建设项目管理

建设项目是指新建、扩建、改建项目和技术引进、技术改造项目。建设项目管理的目的是预防、控制和消除新产生的职业危害项目，在建设项目立项前、施工前、投产前消除职业病危害，是控制职业病危害源头的最重要的措施。《职业病防治法》规定，新建、扩建、改建建设项目和技术改造、技术引进项目可能产生职业病危害的，建设单位在可行性论证阶段应当进行职业病危害预评价。

（一）预评价制度

职业危害预评价是对可能产生职业危害的建设项目，在可行性论证阶段，对建设项目可能产生的职业危害因素、危害程度、健康影响、防护措施等进行预测性卫生学评价，以了解建设项目在职业卫生方面是否可行，也为职业病防治管理的分类提供科学依据。因此，建设项目在可行性论证阶段必须进行职业危害评价。

预评价的内容包括：

1.职业危害预评价的目的、依据；

2.建设项目概况；

3.对建设项目选址、可能产生的职业危害因素及其对工作场所、劳动者健康影响进行分析和评价；

4.对拟采取的职业危害防护措施进行技术分析及评价；

5.确定职业危害类别；

6.确定相应的职业危害防护措施；

7.评价报告结论。

卫生行政部门应当自收到预评价报告之日起30日内，作出审核决定并书面通知建设单位。未提交预评价报告或者预评价报告未经卫生行政部门审核同意的，不得开工建设。

（二）"三同时"制度

建设项目的职业卫生防护设施与主体工程同时设计、同时施工、同时投入生产和使用，简称"三同时"。《职业病防治法》规定，建设项目的职业病防护设施所需费用应当纳入建设项目工程预算，并与主体工程同时设计，同时施工，同时投入生产和使用。

1.职业卫生防护设施是指预防、控制和消除职业危害，保护劳动者健康的各种设施。包括通风、排毒、除尘、屏蔽、隔离、应急救援、监测、报警、警示等设施。

2.同时设计。设计单位在进行建设项目的主体工程的初步设计、施工设计时，应当根据卫生行政部门批准的职业危害预评价报告提出的职业危害防护措施的要求，做好相应的职业病防护设施的设计。《职业病防治法》规定，建设项目的职业病防护设施设计应当符合国家职业卫生标准和卫生要求；其中，医疗机构放射性职业病危害严重的建设项目的防护设施设计，应当经卫生行政部门审查同意后，方可施工。

3.同时施工。主体工程施工时，建设单位应当严格按照设计要求，同时做好有关职业病防护设施的配置、安装、调试，有关部门应当加强对施工的监督和管理。

4.同时投入生产和使用。主体工程进行试运行或试生产时，职业病防护设施应当同时投入试运行或试生产；主体工程进行竣工验收时，职业病防护设施应当同时进行竣工验收；主体工程正式投入使用时，职业病防护设施应当同时正式投入使用。《职业病防治法》规定，医疗机构可能产生放射性职业病危害的建设项目竣工验收时，其放射性职业病防护设施经卫生行政部门验收合格后，方可投入使用；其他建设项目的职业病防护设施应当由建设单位负责依法组织验收，验收合格后，方可投入生产和使用。卫生行政部门应当加强对建设单位组织的验收活动和验收结果的监督核查。

第三节　劳动过程中的防护与管理

职业卫生管理制度是用人单位经营管理者和劳动者共同遵守的规范；是消除或降低职业危害因素对劳动者健康造成损害的管理手段和技术保障措施，也是避免职业危害事故发生的重要环节之一。用人单位建立、健全自身的职业卫生管理制度是用人单位的自律行为，也是用人单位履行保护劳动者健康的法定义务。《职业病防治法》规定："用人单位应当建立、健全职业病防治责任制，加强对职业病防治的管理，提高职业病防治水平，对本单位产生的职业病危害承担责任。""用人单位的主要负责人对本单位的职业病防治工作全面负责。"

一、用人单位应当采取的职业病防治管理措施

根据《职业病防治法》规定，用人单位应当采取下列职业病防治管理措施。

（一）设置或者指定职业卫生管理机构或者组织，配备专职或者兼职的职业卫生管理人员，负责本单位的职业病防治工作。

（二）制定职业病防治计划和实施方案。

（三）建立、健全职业卫生管理制度和操作规程。

（四）建立、健全职业卫生档案和劳动者健康监护档案。

（五）建立、健全工作场所职业病危害因素监测及评价制度。

（六）建立、健全职业病危害事故应急救援预案。

二、工作场所职业病危害因素的日常监测、定期检测与评价制度

工作场所职业危害因素的日常监测、定期检测是职业病预防中的关键环节。其目的主要是：一是及时了解和掌握工作场所的职业危害因素的浓度、强度；二是及时了解和掌握工作场所的职业危害防护设施的运行情况；三是及时发现职业危害的事故隐患，及时采取防护措施，减少或消除职业危害因素对劳动者健康的影响。

《职业病防治法》规定，用人单位应当实施由专人负责的职业病危害因素日常监测，并确保监测系统处于正常运行状态。用人单位应当按照国务院卫生行政部门的规定，定期对工作场所进行职业病危害因素检测、评价。检测、评价结果存入用人单位职业卫生档案，定期向所在地卫生行政部门报告并向劳动者公布。职业病危害因素检测、评价由依法设立的取得国务院卫生行政部门或者设区的市级以上地方人民政府卫生行政部门按照职责分工给予资质认可的职业卫生技术服务机构进行。职业卫生技术服务机构所作检测、评价应当客观、真实。发现工作场所职业病危害因素不符

合国家职业卫生标准和卫生要求时，用人单位应当立即采取相应治理措施，仍然达不到国家职业卫生标准和卫生要求的，必须停止存在职业病危害因素的作业；职业病危害因素经治理后，符合国家职业卫生标准和卫生要求的，方可重新作业。

职业卫生技术服务机构依法从事职业病危害因素检测、评价工作，接受卫生行政部门的监督检查。卫生行政部门应当依法履行监督职责。

三、职业危害告知制度

职业危害告知制度是我国《职业病防治法》规定的，要求用人单位向劳动者充分履行职业危害告知义务，保证劳动者职业卫生知情权的实现。用人单位职业危害因素告知包括职业危害劳动合同告知、工作场所职业危害公告栏、警示告知、职业危害标志告知等。

（一）职业危害劳动合同告知

劳动合同是劳动者与用人单位确立劳动关系、明确双方权利和义务的协议。《职业病防治法》明确规定："用人单位与劳动者订立劳动合同（含聘用合同，下同）时，应当将工作过程中可能产生的职业病危害及其后果、职业病防护措施和待遇等如实告知劳动者，并在劳动合同中写明，不得隐瞒或者欺骗。"具体要求如下。

1.用人单位应当与劳动者依法签订劳动合同。在签订劳动合同时，用人单位必须履行职业危害告知义务。告知应当用书面形式。

2.告知的内容。

（1）劳动过程中可能接触的职业危害因素的种类、危害程度；

（2）职业危害可能产生的危害后果；

（3）针对职业危害所采取的职业病防护设施；

（4）为劳动者提供个人使用的职业病防治防护用品；

（5）工资待遇、岗位津贴和是否参加工伤社会保险及其待遇；

（6）职业卫生知识培训教育；

（7）职业病防治规章制度和操作规程。

3.工作岗位或工作内容变更的告知。劳动合同签订后，用人单位变更劳动者工作岗位和工作内容，使劳动者接触原订立的劳动合同中没有公布的职业危害因素时，应如实向劳动者告知并说明。同时，还应当与劳动者协商，取得同意后变更劳动合同的相关条款，用人单位可以重新与劳动者订立劳动合同或者订立补充合同。

4.用人单位在与劳动者签订劳动合同，或者变更劳动者工作岗位和工作内容时，没有履行告知义务的，或者采用隐瞒、欺骗手段不予告知的，劳动者有权拒绝从事存在职业危害的作业，而用人单位不得因劳动者拒绝从事职业危害作业而解除与其订立的劳动合同。

（二）工作场所职业危害公告栏、警示告知

工作场所是劳动者工作的地方，也是劳动者可能受到职业危害的场所，同时是劳动者经常活动的场所，《职业病防治法》规定，产生职业病危害的用人单位，应当在醒目位置设置公告栏，公布有关职业病防治的规章制度、操作规程、职业病危害事故应急救援措施和工作场所职业病危害因素检测结果。对产生严重职业病危害的作业岗位，应当在其醒目位置，设置警示标识和中文警示说明。警示说明应当载明产生职业病危害的种类、后果、预防以及应急救治措施等内容。

1.职业危害公告栏告知。存在或者产生职业危害的用人单位，在醒目位置设置公告栏，这是用人单位履行职业危害告知义务的形式之一。公告内容包括：用人单位制定的有关职业病防治管理的规章制度、操作规程；对于可能产生职业危害事故的工作场所应当公布职业危害事故的应急救援措施；定期公布工作场所的职业危害因素的检测结果和评价结论。

2.严重职业危害的作业岗位警示告知。对于存在或者产生严重职业危害的作业岗位，用人单位应当在醒目位置，设置警示标志和中文警示说明。警示标志是指国家规定的或国际通用的标志；警示说明应当表明职业危害的种类、危害程度、可能产生的危害后果、职业病防护措施和注意事项、应急救援措施等内容。这些警示说明必须使用中文，以便劳动者知晓。

（三）职业危害说明书、标志告知

1.可能产生职业危害因素的设备的标志。不少职业危害因素与所使用的设备有密切关系或者直接是由设备产生的。为了使用人单位和劳动者掌握设备产生的职业危害因素种类、危害程度、职业病防护措施及注意事项、应急救援措施等，《职业病防治法》规定向用人单位提供可能产生职业危害因素的设备的，应当提供中文说明书，并在设备的醒目位置设置警示标志和中文警示说明。

警示说明应当载明设备性能、可能产生的职业危害、安全操作和维护注意事项、职业病防护以及应急救治措施等内容。

2.可能产生职业危害的化学品、放射性同位素、含有放射性物质的材料的标志。可能产生职业危害的化学品、放射性同位素、含有放射性物质的材料应当有中文说明书。说明书应当载明产品特性、主要成分、存在的职业危害因素、可能产生的危害后果、安全使用注意事项、职业病防护以及应急救治措施等内容。产品包装应当有警示标志和中文警示说明。贮存上述原材料的场所应当在规定的部位设置危险物品标志或者放射性警示标志。

3.用人单位应当使用有中文说明书、警示标志和中文警示说明的可能产生职业危害的设备和材料。为了保障职业危害标志告知制度的落实，要求用人单位应当使用有中文说明书、警示标志和中文警示说明的可能产生职业危害的设备和材料。用人单位只有使用有中文说明书、警示标志和中文警示说明的可能产生职业危害的设备和材料，才能了解和掌握使用的设备和材料的职业危害的种类、职业危害的程度、可能产生的危害后果、安全使用注意事项、职业病防护以及应急救治措施。

四、职业健康监护制度

职业健康监护制度是《职业病防治法》建立的主要制度之一，是落实用人单位责任、实现劳动者职业卫生保护权利的重要保障制度，是落实职业病诊断鉴定制度的前提，是社会保障制度的基础。用人单位应当建立健全职业健康监护制度，保证职业健康监护工作的落实。

（一）职业健康检查

为及时发现劳动者的职业禁忌和职业性健康损害，根据劳动者的职业接触史，对劳动者进行有针对性的定期或不定期的健康体检称为职业健康检查。《职业病防治法》规定，对从事接触职业病危害的作业的劳动者，用人单位应当按照国务院卫生行政部门的规定组织上岗前、在岗期间和离岗时的职业健康检查，并将检查结果书面告知劳动者。职业健康检查费用由用人单位承担。用人单位不得安排未经上岗前职业健康检查的劳动者从事接触职业病危害的作业；不得安排有职业禁忌的劳动者从事其所禁忌的作业；对在职业健康检查中发现有与所从事的职业相关的健康损害的劳动者，应当调离原工作岗位，并妥善安置；对未进行离岗前职业健康检查的劳动者不得解除或者终止与其订立的劳动合同。职业健康检查应当由取得《医疗机构执业许可证》的医疗卫生机构承担。卫生行政部门应当加强对职业健康检查工作的规范管理，具体管理办法由国务院卫生行政部门制定。

1.职业健康检查的种类

职业健康检查包括以下几个方面。

（1）上岗前健康检查。其主要目的是掌握劳动者健康状况、发现职业禁忌、分清责任，也为劳动者的岗位安排提供依据。

（2）在岗期间的定期健康检查。其主要目的是及时发现健康损害和健康影响，对劳动者进行动态健康观察，并判断劳动者是否适合继续从事该工种作业。

（3）离岗健康检查。其目的是了解劳动者离岗时健康状况，分清健康损害责任。而且，用人单位发生分立、合并、解散、破产等情形的，应当对从事接触职业危害作业的劳动者进行健康检查。

（4）应急健康检查。如果用人单位发生急性职业危害事故，对可能遭受急性职业危害的劳动者，应当进行健康检查。

2.职业健康检查的管理

（1）职业健康检查是一项职业卫生技术服务，《职业病防治法》规定职业健康检查应当由取得《医疗机构执业许可证》的医疗卫生机构承担。

（2）职业健康检查应当根据所接触的职业危害因素类别，按《职业健康检查项目及周期》的规定确定检查项目和检查周期。复查时可根据复查要求增加检查项目。体检机构应当自体检工作结束之日起30日内，将体检结果书面告知用人单位，有特殊情况需要延长的，应当说明理由，并告知用人单位。

（3）体检机构发现疑似职业病病人应当按规定向所在卫生行政部门和有关部门报告，并通知用人单位和劳动者。

（4）为保障劳动者合法权益，职业健康检查应当由用人单位负责组织。用人单位应当按照职业健康监护管理办法的要求及时安排从事接触职业危害作业的劳动者进行职业健康检查。用人单位应当及时将职业健康检查结果如实告知劳动者。

（二）职业健康监护档案

职业健康监护档案是职业病诊断鉴定的重要依据之一，也是区分健康损害责任和进行职业病诊断鉴定的重要证据。劳动者健康监护资料也是评价用人单位职业病防治效果的依据之一。因此，建立职业健康监护档案有着重要的意义。《职业病防治法》第36条第1款规定，用人单位应当为劳动者建立职业健康监护档案，并按照规定的期限妥善保存。

1.用人单位应当建立职业健康监护档案

用人单位应当为劳动者建立职业健康监护档案，并按照规定的期限妥善保存。职业健康监护档案包括劳动者职业史、职业病危害接触史、职业健康检查结果及处理情况、职业病的诊疗等有关个人健康资料，以及相应作业场所职业危害因素检测结果。

2.劳动者有权索取本人职业健康监护档案

劳动者离开用人单位时，有权索取本人职业健康监护档案复印件，用人单位应当如实、无偿提供，并在所提供的复印件上签章。

五、职业病危害事故的防范与调查处理制度

《职业病防治法》规定，发生或者可能发生急性职业病危害事故时，用人单位应当立即采取应急救援和控制措施，并及时报告所在地卫生行政部门和有关部门。卫生行政部门接到报告后，应当及时会同有关部门组织调查处理；必要时，可以采取临时控制措施。卫生行政部门应当组织做好医疗救治工作。对遭受或者可能遭受急性职业病危害的劳动者，用人单位应当及时组织救治、进行健康检查和医学观察，所需费用由用人单位承担。

（一）职业危害事故的防范和应急救援

1.职业病危害事故

职业病危害事故是指用人单位在职业病防治活动中违反职业病防治法律、法规、规章的规定，造成劳动者因接触粉尘、放射线和其他有毒、有害物质等职业危害因素而引起的疾病事故。

2.急性职业病职业危害事故的防范

（1）对可能发生急性职业损伤的有毒、有害工作场所，用人单位应当设置报警装置，配置现场急救用品、冲洗设备、应急撤离通道和必要的泄险区。

（2）对放射工作场所和放射性同位素的运输、贮存，用人单位必须配置防护设备和报警装置，保证接触放射线的工作人员佩戴个人剂量计。

（3）对职业病防护设备、应急救援设施和个人使用的职业病防护用品，用人单位应当进行经常性的维护、检修，定期检测其性能和效果。确保其处于正常状态，不得擅自拆除或者停止使用。

3.急性职业危害事故的应急救援

用人单位应当制定职业危害事故应急救援预案。应急救援预案应当包括救援组织、机构和人员责任、应急措施、人员撤离路线和疏散办法、财产保护对策、事故报告途径和方式、预警设施、应急防护用品及使用指南、医疗救护等内容。发生急性职业危害事故时，用人单位必须履行应急的责任。应当启动应急救援程序，采取措施对于受到职业危害的劳动者组织现场抢救，并请求医疗卫生机构协助急救。同时要及时采取有效措施控制职业危害的蔓延和发展。还要做好应急救援人员的安全。

（二）职业病危害事故的调查处理

1.职业病危害事故的报告

（1）发生职业病危害事故时，用人单位应当立即向所在地卫生行政部门和有关部门报告，县级卫生行政部门和有关部门接到职业病危害事故报告后，应当按照规定逐级上报，并通知公安机关、劳动保障行政部门、工会和人民检察院。任何单位和个人不得以任何借口对职业危害事故瞒报、虚报、漏报和迟报。

（2）职业病危害事故报告的内容应当包括：事故发生的地点、时间、发病情况、死亡人数、可能发生原因、已采取措施和发展趋势等。

2.职业病危害事故的调查处理

（1）职业病危害事故由发生事故所在地的县级人民卫生行政管理部门会同有关部门负责调查处理。对于重大和特大职业病危害事故由省级以上卫生行政部门会同有关部门，按照规定的程序和职责进行调查处理。

（2）发生职业病危害事故时，用人单位应当根据情况立即采取以下紧急措施：①停止导致职业病危害事故的作业，控制事故现场，防止事态扩大，把事故危害降到最低限度；②疏通设备和工具等；③对遭受或者可能遭受急性职业病危害的劳动者，及时组织救治、进行健康检查和医学观察；④按照规定进行事故报告；⑤配合卫生行政部门和有关部门进行调查，按照卫生行政部门的要求如实提供事故发生情况、有关材料和样品；⑥落实卫生行政部门要求采取的其他措施。

（3）职业病危害事故发生后，卫生行政部门应当及时组织用人单位主管部门、公安、卫生行政部门、工会等有关部门组成职业病危害事故调查组，进行事故调查。

职业病危害事故调查组成员应当符合以下条件：第一，具有事故调查所需要的专业知识和实践经验；第二，与所发生的事故没有直接利害关系。

职业病危害事故调查组的主要职责是：①进行现场勘验和调查取证，查明职业病危害事故发生的经过、原因、人员伤亡情况和危害程度；②分析事故责任；③提出对事故责任人的处罚意见；④提出防范事故再次发生所应采取的改进措施的意见；⑤形成职业病事故调查处理报告。

（4）卫生行政部门根据事故调查组提出的事故处理意见，决定和实施对发生事故的用人单位的行政处罚，并责令用人单位及其主管部门负责落实有关改进措施建议。

六、职业病诊断与职业病病人保障

（一）职业病诊断

1.职业病诊断机构

医疗卫生机构承担职业病诊断，应当经省、自治区、直辖市人民政府卫生行政部门批准。省、自治区、直辖市人民政府卫生行政部门应当向社会公布本行政区域内承担职业病诊断的医疗卫生机构的名单。

承担职业病诊断的医疗卫生机构应当具备下列条件：

（1）持有《医疗机构执业许可证》；

（2）具有与开展职业病诊断相适应的医疗卫生技术人员；

（3）具有与开展职业病诊断相适应的仪器、设备；

（4）具有健全的职业病诊断质量管理制度。

2.职业病诊断机构的职责

（1）在批准的职业病诊断项目范围内开展职业病诊断；

（2）职业病报告；

（3）承担卫生行政部门交付的有关职业病诊断的其他工作。

承担职业病诊断的医疗卫生机构不得拒绝劳动者进行职业病诊断的要求。

3.劳动者对职业病诊断机构的选择

劳动者可以在用人单位所在地、本人户籍所在地或者经常居住地依法承担职业病诊断的医疗卫生机构进行职业病诊断。

4.职业病诊断应当综合分析的因素

（1）病人的职业史；

（2）职业病危害接触史和工作场所职业病危害因素情况；

（3）临床表现以及辅助检查结果等。

没有证据否定职业病危害因素与病人临床表现之间的必然联系的，应当诊断为职业病。

承担职业病诊断的医疗卫生机构在进行职业病诊断时，应当组织3名以上取得职业病诊断资格的执业医师集体诊断。

职业病诊断证明书应当由参与诊断的取得职业病诊断资格的执业医师签署，并经承担职业病诊断的医疗卫生机构审核盖章。

5.用人单位在职业病诊断中的基本义务

用人单位应当如实提供职业病诊断、鉴定所需的劳动者职业史和职业病危害接触史、工作场所职业病危害因素检测结果等资料；卫生行政部门应当监督检查和督促用人单位提供上述资料；劳动者和有关机构也应当提供与职业病诊断、鉴定有关的资料。

职业病诊断、鉴定机构需要了解工作场所职业病危害因素情况时，可以对工作场所进行现场调查，也可以向卫生行政部门提出，卫生行政部门应当在10日内组织现场调查。用人单位不得拒绝、阻挠。

职业病诊断、鉴定过程中，用人单位不提供工作场所职业病危害因素检测结果等资料的，诊断、鉴定机构应当结合劳动者的临床表现、辅助检查结果和劳动者的职业史、职业病危害接触史，并参考劳动者的自述、卫生行政部门提供的日常监督检查信息等，作出职业病诊断、鉴定结论。

劳动者对用人单位提供的工作场所职业病危害因素检测结果等资料有异议，或者因劳动者的用人单位解散、破产，无用人单位提供上述资料的，诊断、鉴定机构应当提请卫生行政部门进行调查，卫生行政部门应当自接到申请之日起30日内对存在异议的资料或者工作场所职业病危害因素情况作出判定；有关部门应当配合。

6.在职业病诊断过程中发生劳动争议的处理

职业病诊断、鉴定过程中，在确认劳动者职业史、职业病危害接触史时，当事人对劳动关系、工种、工作岗位或者在岗时间有争议的，可以向当地的劳动人事争议仲裁委员会申请仲裁；接到申请的劳动人事争议仲裁委员会应当受理，并在 30 日内作出裁决。

当事人在仲裁过程中对自己提出的主张，有责任提供证据。劳动者无法提供由用人单位掌握管理的与仲裁主张有关的证据的，仲裁庭应当要求用人单位在指定期限内提供；用人单位在指定期限内不提供的，应当承担不利后果。

劳动者对仲裁裁决不服的，可以依法向人民法院提起诉讼。

用人单位对仲裁裁决不服的，可以在职业病诊断、鉴定程序结束之日起 15 日内依法向人民法院提起诉讼；诉讼期间，劳动者的治疗费用按照职业病待遇规定的途径支付。

（二）职业病病人保障

1.疑似职业病病人的保障

根据《职业病防治法》规定，医疗卫生机构发现疑似职业病病人时，应当告知劳动者本人并及时通知用人单位。用人单位应当及时安排对疑似职业病病人进行诊断；在疑似职业病病人诊断或者医学观察期间，不得解除或者终止与其订立的劳动合同。疑似职业病病人在诊断、医学观察期间的费用，由用人单位承担。

2.职业病病人的待遇

《职业病防治法》规定，用人单位应当保障职业病病人依法享受国家规定的职业病待遇。

用人单位应当按照国家有关规定，安排职业病病人进行治疗、康复和定期检查。用人单位对不适宜继续从事原工作的职业病病人，应当调离原岗位，并妥善安置。用人单位对从事接触职业病危害的作业的劳动者，应当给予适当岗位津贴。

职业病病人的诊疗、康复费用，伤残以及丧失劳动能力的职业病病人的社会保障，按照国家有关工伤保险的规定执行。

职业病病人除依法享有工伤保险外，依照有关民事法律，尚有获得赔偿的权利的，有权向用人单位提出赔偿要求。

劳动者被诊断患有职业病，但用人单位没有依法参加工伤保险的，其医疗和生活保障由该用人单位承担。

职业病病人变动工作单位，其依法享有的待遇不变。用人单位在发生分立、合并、解散、破产等情形时，应当对从事接触职业病危害的作业的劳动者进行健康检查，并按照国家有关规定妥善安置职业病病人。用人单位已经不存在或者无法确认劳动关系的职业病病人，可以向地方人民政府医疗保障、民政部门申请医疗救助和生活等方面的救助。

思考题

1. 《职业病防治法》立法的目的是什么？

2. 职业病防治的方针是什么？

3. 职业病防治的机制与原则是什么？

4. 工作场所职业卫生的基本要求是什么？

5. 职业危害项目申报有什么要求？

6. 工作场所的职业危害因素的日常监测有什么要求？

7. 用人单位应当采取哪些职业病防治管理措施？

8. 简述职业健康监护制度。

9. 职业危害事故的调查处理有什么规定？

10. 职业病诊断有什么规定？

11. 简述职业病病人保障。

案例 1

云南省持续推进职业病防治工作

2022 年 5 月 7 日　来源：《云南日报》

近日，记者从省卫生健康委获悉，近年来，云南省建立完善云南省职业病防治联席会议制度，不断加强职业病危害源头治理，持续开展专项整治，工作场所职业卫生条件得到改善，劳动者职业健康水平稳步提高，职业病防治工作取得积极进展。

"十三五"时期，云南省职业病防治实现"一下降、五提升""一下降"，即 2020 年接尘工龄不足 5 年新发尘肺病例数较 2016 年下降了 49.67%；全省未报告重大以上急性职业中毒事故及放射事故，职业中毒事故起数和人数实现较大幅度下降；"五提升"，即用人单位防治管理水平、监管执法和技术支撑能力、监测能力、应急能力和职业病保障水平进一步提升。

2019 年以来，云南省扎实开展了尘肺病防治攻坚行动，圆满完成了攻坚行动各项目标任务。实现了随访调查全覆盖、州（市）、县（区）监督执法全覆盖、重点治理全覆盖、重点人群地区康复全覆盖、检查和诊断服务网络全覆盖等"五个全覆盖"。完成全省尘肺病患者随访调查，均建立"一人一档"健康管理档案。全省职业健康监管执法人员培训率 100%，重点行业企业职业健康监督检查覆盖率 100%，消除县区"零办案"，居全国前列。对纳入治理范围的矿山、冶金、建材等尘肺病危害严重企业全覆盖治理，危害申报率、定期检测率等指标超过 95%。在尘肺病存量大的昆明、曲靖、昭通、楚雄等州市高标准建成 10 个尘肺病康复站，进一步健全完善云南省尘肺病患者康复治疗服务体系。16 个州市均确定至少 1 家职业病诊断机构、129 个县（市、区）均确定至少 1 家职业健康检查机构。

2021 年，制定印发《云南省卫生健康委关于加强职业病防治技术支撑体系建设的实施意见》，全面健全完善省、州市、县三级并向乡镇社区延伸的职业病防治技术支撑体系，对全省 6 家公立医疗卫生机构配置有关职业病诊断诊疗设备。对 16 个州市级疾控中心、129 个县级疾控中心配备必需的监测仪器设备。

下一步，云南将以粉尘、化学毒物、噪声和辐射等职业病危害严重的行业领域为重点，持续开展职业病危害专项治理，争取到 2025 年底，治理企业工作场所作业环境得到显著改善，粉尘、化学毒物、噪声岗位合格率达到 85%，职业病危害项目申报率、工作场所职业病危害因素监测合格率大幅提高，完善职业病防护设施，改善工作场所劳动条件，保障广大劳动者职业健康权益。（陈鑫龙）

案例 2

某公司未按照规定组织职业健康检查案

某公司为一家生产销售石灰、石子等非金属矿物制品公司，该公司未组织 11 名接触职业病危害因素的劳动者（包括劳务派遣员工）参加离岗时的职业健康检查，其中接害岗位作业涉及石灰石粉尘、噪声等职业病危害因素。该行为违反了《中华人民共和国职业病防治法》第 35 条第 1 款的规定，依据《中华人民共和国职业病防治法》第 71 条第（4）项的规定，溧阳市卫生健康局依法对其作出警告、罚款 85000 元的行政处罚。

【典型意义】职业健康检查不同于普通健康体检，是用人单位从源头上控制和消除职业病危害的前哨工作，帮助用人单位及时发现职业禁忌症、疑似职业病及职业病，从而保护劳动者健康权益。按照《中华人民共和国职业病防治法》等相关法律法规、规范要求，用人单位应组织接触职业病危害因素的劳动者（包括劳务派遣工）参加上岗前、在岗期间的职业健康检查，劳动者离岗时用人单位应及时组织劳动者参加离岗时的职业健康检查。该案警示无论是用人单位，还是劳务派遣用工单位，都需严格遵照职业病防治法律法规和卫生规范，做好劳动者职业病防治工作，切实保障劳动者健康权益；劳动者应提高职业健康自我防护意识，主动要求、积极配合用人单位开展职业健康检查，切实维护自身的合法权益。

第五章　特殊群体的劳动保护

第一节　女职工的特殊劳动保护

女职工特殊劳动保护，是根据女职工的身体结构、生理机能特点和哺乳子女的需要，对在劳动过程中的女职工所实行的不同于男职工的保护。包括禁止或限制女职工从事某些劳动、女职工"四期"保护等内容。女职工特殊劳动保护是劳动保护的重要组成部分。加强女职工特殊劳动保护，体现了社会公平正义，有利于经济社会发展，有利于发挥广大女职工在全面建成社会主义现代化强国、实现中华民族伟大复兴的中国梦中的积极作用。

一、女职工特殊劳动保护的法律依据

（一）《中华人民共和国劳动法》

1994 年 7 月 5 日第八届全国人大常委会第八次会议审议通过了《中华人民共和国劳动法》，于 1995 年 1 月 1 日起实施。《劳动法》第 7 章专门对女职工和未成年工特殊保护作了规定，为女职工特殊劳动保护提供了基本法律依据。

（二）《中华人民共和国妇女权益保障法》

《中华人民共和国妇女权益保障法》1992 年 4 月 3 日第七届全国人民代表大会第五次会议通过，同年 10 月 1 日起实施。根据 2005 年 8 月 28 日第十届全国人民代表大会常务委员会第十七次会议《关于修改〈中华人民共和国妇女权益保障法〉的决定》第一次修正，根据 2018 年 10 月 26 日第十三届全国人民代表大会常务委员会第六次会议《关于修改〈中华人民共和国野生动物保护法〉等十五部法律的决定》第二次修正，2022 年 10 月 30 日第十三届全国人民代表大会常务委员会第三十七次会议修订。该法第 5 章就女职工劳动和社会保障权益的法律保护作了具体规定，第 8 章就女职工的劳动权益受到侵害时应采取的具体措施也作了具体规定。

（三）《女职工劳动保护特别规定》

2012 年 4 月 28 日，国务院公布了《女职工劳动保护特别规定》。《女职工劳动保护特别规定》共有 16 条，其中规定了用人单位应当遵守女职工禁忌从事的劳动范围和女职工"四期"保护措施，并在附录中详细规定了女职工在经期、孕期、哺乳期等禁忌从事的劳动范围。这是我国女职工特殊劳动保护的主要法律依据。

（四）《女职工保健工作规定》

《女职工保健工作规定》是 1993 年 11 月 26 日发布的规定，于 2011 年 11 月 26 日修订。该规定从医学卫生角度对女职工在不同时期的保健工作作了具体规定。

二、女职工特殊保护的主要内容

（一）禁止女职工从事劳动的范围

为了保护女职工身心健康及其子女的正常发育和成长，根据《女职工劳动保护特别规定》，女职工禁忌从事的劳动范围包括：

1.矿山井下作业；

2.体力劳动强度分级标准中规定的第 4 级体力劳动强度的作业；

3.每小时负重 6 次以上、每次负重超过 20 公斤的作业，或者间断负重、每次负重超过 25 公斤的作业。

（二）已婚待孕女职工的保护措施

根据《女职工保健工作规定》，已婚待孕女职工的保护措施主要如下：

1.已婚待孕女职工禁忌从事铅、汞、苯、镉等作业场所属于《有毒作业分级》标准中第Ⅲ-Ⅳ级的作业；

2.积极开展优生宣传和咨询；

3.对女职工应进行妊娠知识的健康教育，使她们在月经超期时主动接受检查；

4.患有射线病、慢性职业中毒、近期内有过急性中毒史及其他有碍于母体和胎儿健康疾病者，暂时不宜妊娠；

5.对有过两次以上自然流产史，现又无子女的女职工，应暂时调离有可能直接或间接导致流产的作业岗位。

（三）女职工"四期"保护

"四期"是指女职工生理上的经期、孕期、产期、哺乳期。"四期"保护，是指针对女职工生理机能的变化，在女职工经期、孕期、产期、哺乳期所给予的特殊保护。女职工"四期"保护的主要内容如下。

1.经期保护

女职工在月经期间，身体机能发生一定的变化，生理波动也比较大，作业能力有所下降，因此，对女职工月经期保护，是女职工"四期"保护的重要内容。根据有关劳动法律、法规，女职工经期的保护措施主要有如下方面。

（1）宣传普及月经期卫生知识。

（2）女职工在100人以上的单位，应逐步建立女职工卫生室，健全相应的制度并设专人管理，对卫生室管理人员应进行专业培训。女职工每班在100人以下的单位，应设置简易的温水箱及冲洗器。对流动、分散工作单位的女职工应发放单人自用冲洗器。

（3）禁忌从事冷水作业分级标准中规定的第2级、第3级、第4级冷水作业。

（4）禁忌从事低温作业分级标准中规定的第2级、第3级、第4级低温作业。

（5）禁忌从事体力劳动强度分级标准中规定的第3级、第4级体力劳动强度的作业。

（6）禁忌从事高处作业分级标准中规定的第3级、第4级高处作业。

（7）患有重度痛经及月经过多的女职工，经医疗或妇幼保健机构确诊后，月经期间可适当给予1至2天的休假。

2.孕期保护

孕期保护是指为保障怀孕女职工及其胎儿的安全与健康所采取的保护

措施。根据有关劳动法律、法规，女职工孕期的保护措施主要有如下内容。

（1）自确立妊娠之日起，应建立孕产妇保健卡（册），进行血压、体重、血、尿常规等基础检查。对接触铅、汞的孕妇，应进行尿中铅、汞含量的测定。

（2）定期进行产前检查、孕期保健和营养指导。怀孕女职工在劳动时间内进行产前检查，所需时间计入劳动时间。

（3）推广孕妇家庭自我监护，系统观察胎动、胎心、宫底高度及体重等。

（4）实行高危孕妇专案管理，无诊疗条件的单位应及时转院就诊，并配合上级医疗和保健机构严密观察和监护。

（5）女职工在孕期不能适应原劳动的，用人单位应根据医疗机构的证明，予以减轻劳动量或者安排其他能够适应的劳动。

（6）对怀孕7个月以上的女职工，用人单位不得延长劳动时间或者安排夜班劳动，并应当在劳动时间内安排一定的休息时间。

（7）女职工在孕期禁忌从事下列作业：①作业场所空气中铅及其化合物、汞及其化合物、苯、镉、铍、砷、氰化物、氮氧化物、一氧化碳、二硫化碳、氯、己内酰胺、氯丁二烯、氯乙烯、环氧乙烷、苯胺、甲醛等有毒物质浓度超过国家职业卫生标准的作业；②从事抗癌药物、己烯雌酚生产，接触麻醉剂气体等的作业；③非密封源放射性物质的操作，核事故与放射事故的应急处置；④高处作业分级标准中规定的高处作业；⑤冷水作业分级标准中规定的冷水作业；⑥低温作业分级标准中规定的低温作业；⑦高温作业分级标准中规定的第3级、第4级的作业；⑧噪声作业分级标准中规定的第3级、第4级的作业；⑨体力劳动强度分级标准中规定的第3级、第4级体力劳动强度的作业；⑩在密闭空间、高压室作业或者潜水作业，伴有强烈振动的作业，或者需要频繁弯腰、攀高、下蹲的作业。

（8）从事立位作业的女职工，妊娠满7个月后，其工作场所应设立工间休息座位。

（9）女职工在怀孕期间，用人单位不得降低其基本工资，除个人严重过失外，不得解除其劳动合同。

3.产期保护

产期保护，是指为保障产期女职工及其婴儿的安全与健康所采取的保护措施，也叫生育期保护。根据有关劳动法律法规规定，产期的保护措施主要有以下几个方面。

（1）保证女职工生育的产假。女职工生育享受 98 天产假，其中产前休假 15 天，产后休假 83 天。难产的，增加产假 15 天。多胞胎生育的，每多生育 1 个婴儿，增加产假 15 天。

女职工怀孕未满 4 个月流产的，享受 15 天产假；怀孕满 4 个月流产的，享受 42 天产假。

（2）进行产后访视及母乳喂养指导。

（3）产后 42 天对母子进行健康检查。

（4）不得在女职工产假期间降低其基本工资，不得解除其劳动合同。

（5）产假期满恢复工作时，应允许有 1 至 2 周时间逐渐恢复原工作量。

（6）女职工产假期间的生育津贴，对已经参加生育保险的，按照用人单位上年度职工月平均工资的标准由生育保险基金支付；对未参加生育保险的，按照女职工产假前工资的标准由用人单位支付。

女职工生育或者流产的医疗费用，按照生育保险规定的项目和标准，对已经参加生育保险的，由生育保险基金支付；对未参加生育保险的，由用人单位支付。

4.哺乳期保护

哺乳期保护是指对女职工哺乳未满 1 周岁婴儿期间的特殊保护。哺乳期保护直接关系到女职工及其婴儿的身体健康。根据有关劳动法律法规定，女职工哺乳期保护的措施主要如下。

（1）宣传科学育儿知识，提倡 4 个月内纯母乳喂养。

（2）对有未满 1 周岁婴儿的女工，应保证其哺乳时间。根据规定，有不满 1 周岁婴儿的女职工，用人单位应当在每天的劳动时间内为哺乳期女职工安排 1 小时哺乳时间；女职工生育多胞胎的，每多哺乳 1 个婴儿每天增加 1 小时哺乳时间。

（3）婴儿满周岁时，经县（区）以上（含县、区）医疗或保健机构确诊为体弱儿，可适当延长授乳时间，但不得超过 6 个月。

（4）女职工在哺乳期内，所在单位不得安排其从事国家规定的第 3 级体力劳动强度的劳动和哺乳期禁忌从事的劳动。

（5）对哺乳未满 1 周岁婴儿的女职工，用人单位不得延长劳动时间或者安排夜班劳动。

（6）有哺乳婴儿的女职工 5 名以上的单位，应逐步建立哺乳室。

（7）不得在女职工哺乳期降低其基本工资，除个人严重过失外，不得解除其劳动合同。

第二节　未成年工的特殊劳动保护

一、未成年工特殊劳动保护的概念

未成年工在我国一般是指年满 16 周岁未满 18 周岁的劳动者。未成年工特殊劳动保护是针对未成年工处于生长发育期的特点，以及接受义务教育的需要所采取的特殊劳动保护措施。对未成年工实行特殊劳动保护，不仅有利于保护未成年工的生命安全和身心健康，也有利于未成年工的健康成长，促进未成年人在品德、智力、体质等方面全面发展，培养有理想、有道德、有文化、有纪律的社会主义建设者和接班人。

二、未成年工特殊保护的法律依据

我国历来十分重视对未成年工的特殊劳动保护，并制定了一系列对未成年工进行特殊保护的法律法规，为未成年工特殊劳动保护提供了明确的法律依据。

（一）《中华人民共和国未成年人保护法》

《中华人民共和国未成年人保护法》（以下简称《未成年人保护法》）1991 年 9 月 4 日由第七届全国人民代表大会常务委员会第二十一次会议通过，2006 年 12 月 29 日第十届全国人民代表大会常务委员会第二十五次会议修订，自 2007 年 6 月 1 日起施行。该法对未成年人的特殊保护作了明确规定，是未成年工特殊劳动保护的主要法律依据。

（二）《劳动法》

《劳动法》第 7 章对未成年工的特殊劳动保护进行了专门规定，是未成年工特殊劳动保护的基本法律依据。

（三）《禁止使用童工规定》

2002 年 9 月 18 日国务院第 63 次常务会议通过了《禁止使用童工规定》，自 2002 年 12 月 1 日起施行。该规定对我国最低就业年龄作了明确规定。

（四）《未成年工特殊保护规定》

1994 年 12 月 9 日劳动部发布的《未成年工特殊保护规定》，对未成年工的特殊劳动保护作了具体规定。

三、未成年工特殊劳动保护的具体内容

根据《未成年人保护法》《劳动法》《禁止使用童工规定》《未成年工特殊保护规定》等法律、法规的规定，未成年工特殊劳动保护的内容主要有以下几方面。

（一）限制就业年龄

《劳动法》《禁止使用童工规定》都规定，禁止用人单位招用未满 16 周岁的未成年人。

（二）限制工作时间

根据规定，对未成年工实行缩短工作日制度，禁止安排未成年工延长工作时间和从事夜班劳动。

（三）禁止未成年工从事的劳动范围

根据《未成年工特殊保护规定》，用人单位不得安排未成年工从事以下范围的劳动：

1. 《生产性粉尘作业危害程度分级》国家标准中第 1 级以上的接尘作业；

2. 《有毒作业分级》国家标准中第 1 级以上的有毒作业；

3. 《高处作业分级》国家标准中第 2 级以上的高处作业；

4. 《冷水作业分级》国家标准中第 2 级以上的冷水作业；

5. 《高温作业分级》国家标准中第 3 级以上的高温作业；

6. 《低温作业分级》国家标准中第 3 级以上的低温作业；

7. 《体力劳动强度分级》国家标准中第 4 级体力劳动强度的作业；

8. 矿山井下及矿山地面采石作业；

9. 森林业中的伐木、流放及守林作业；

10. 工作场所接触放射性物质的作业；

11. 有易燃易爆、化学性烧伤和热烧伤等危险性大的作业；

12. 地质勘探和资源勘探的野外作业；

13. 潜水、涵洞、涵道作业和海拔 3000 米以上的高原作业（不包括世居高原者）；

14. 连续负重每小时在 6 次以上并每次超过 20 公斤，间断负重每次超过 25 公斤的作业；

15. 使用凿岩机、捣固机、气镐、气铲、铆钉机、电锤的作业；

16. 工作中需要长时间保持低头、弯腰、上举、下蹲等强迫体位和动作频率每分钟大于 50 次的流水线作业；

17. 锅炉司炉。

未成年工患有某种疾病或具有某些生理缺陷（非残疾型）时，用人单位不得安排其从事以下范围的劳动：

1. 《高处作业分级》国家标准中第 1 级以上的高处作业；

2. 《低温作业分级》国家标准中第 2 级以上的低温作业；

3. 《高温作业分级》国家标准中第 2 级以上的高温作业；

4.《体力劳动强度分级》国家标准中第 3 级以上体力劳动强度的作业；

5.接触铅、苯、汞、甲醛、二硫化碳等易引起过敏反应的作业。

（四）对未成年工进行定期健康检查

由于未成年工正处于生长发育期，过重的劳动量和过大的劳动消耗都可能对其身体造成影响，因此必须对未成年工进行定期健康检查。

《劳动法》规定："用人单位应当对未成年工进行定期健康检查。"根据《未成年工特殊保护规定》："用人单位应按下列要求对未成年工定期进行健康检查：（一）安排工作岗位之前；（二）工作满一年；（三）年满十八周岁，距前一次的体检时间已超过半年。""未成年工的健康检查，应按本规定所附《未成年工健康检查表》列出的项目进行。""用人单位应根据未成年工的健康检查结果安排其从事适合的劳动，对不能胜任原劳动岗位的，应根据医务部门的证明，予以减轻劳动量或安排其他劳动。"

思考题

1.女职工特殊劳动保护的法律依据有哪些？

2.禁止女职工从事劳动的范围是什么？

3.女职工孕期的保护措施有哪些？

4.女职工产期的保护措施有哪些？

5.女职工哺乳期的保护措施有哪些？

6.如何加强对未成年工的特殊劳动保护？

案例 1

女职工特殊保护劳动争议案

案情简介

马某于 2018 年 8 月入职某公司任客服主管，双方签订了书面劳动合同，合同期限 3 年，并约定马某月工资 3350 元。2021 年 7 月起，马某因分娩休产假。产假期间该公司通知马某劳动合同期满终止。马某随即申请劳动仲裁，请求裁决确认该公司终止劳动合同的行为违法并要求支付赔偿金 20100 元。

处理结果

依法确认该公司终止劳动合同行为违法，支付马某赔偿金 20100 元。双方当事人均未向人民法院提起诉讼，裁决书依法发生法律效力。

案例评析

《女职工劳动保护特别规定》第 5 条规定，用人单位不得因女职工怀孕、生育、哺乳降低其工资、予以辞退、与其解除劳动或者聘用合同。依据《中华人民共和国劳动合同法》第 42 条、第 45 条规定，女职工在孕期、产期、哺乳期劳动合同期满的，劳动合同应当延续至孕期、产期、哺乳期期满时终止。本案中，马某与该公司劳动合同于产假期间届满，其劳动合同期限应延续至马某哺乳期结束。该公司在马某产假期间以双方劳动合同期满为由终止劳动合同，于法有悖，属于违法终止劳动合同。依据《中华人民共和国劳动合同法》第 47 条、第 87 条规定，用人单位违法终止劳动合同，劳动者可以要求用人单位依照经济补偿金标准的 2 倍支付赔偿金。

典型意义

女职工特殊保护是根据女职工身体结构、生理机能的特点以及抚育子女的特殊需要，给予劳动特殊权益的法律保障。用人单位在女职工孕期、产期、哺乳期内，不得随意解除、终止劳动合同，女职工出现严重违反用人单位规章制度等符合依法解除劳动合同的情形的除外。现行劳动法律法规的立法精神是既要给予女职工特殊保护，又要维护用人单位依法依规开展的管理行为。本案对于在竞争激烈的职场之中，在男女平等前提下对女职工特殊时期给予特殊保护，维护女性平等参与就业、参与国家生产建设的权利具有直接示范作用。

📖 案例 2

女职工哺乳期间工资被降，工会调解帮其追回损失

基本案情

张女士任职某科技公司，担任质检岗位，月工资 6000 元。2020 年 9 月，张女士开始休产假。2021 年 2 月，张女士产假期满，返回公司上班。

公司人事负责人告知张女士：在她休产假期间，单位又招了一名质检员。另外，每个工作日公司还要给张女士一个小时的哺乳时间，张女士可以选择晚上班一个小时或早下班一个小时。因此，张女士的工资由每月 6000 元降到每月 4500 元。张女士当场明确表示不同意降低工资。当收到下个月发放的 4500 元工资且与公司交涉未果后，张女士向劳动人事争议仲裁委员会申请仲裁。后经工会调解员进行调解，终结本案。

处理结果

经工会调解员调解，公司同意向张女士补发被扣发的工资。

案件评析

《女职工劳动保护特别规定》第 5 条规定："用人单位不得因女职工怀孕、生育、哺乳降低其工资、予以辞退、与其解除劳动或者聘用合同。"第 9 条规定："对哺乳未满 1 周岁婴儿的女职工，用人单位不得延长劳动时间或者安排夜班劳动。用人单位应当在每天的劳动时间内为哺乳期女职工安排 1 小时哺乳时间；女职工生育多胞胎的，每多哺乳 1 个婴儿每天增加 1 小时哺乳时间。"

以上规定表明，用人单位不能以女职工休产假期间另行雇佣人员、需安排哺乳时间等理由降低其工资，否则构成违法。女职工可以选择申请调解、提起仲裁或向劳动监察部门投诉等途径维护自己的合法权益。

第六章　休息休假制度

第一节　休息休假概述

一、休息休假概念

休息休假又称休息时间，是指劳动者在国家规定的法定工作时间外自行支配的时间，包括劳动者每天休息的时数、每周休息的天数、节假日、年休假、探亲假等。休息休假是劳动者的基本权利，也是劳动保护的重要内容。《中华人民共和国宪法》（以下简称《宪法》）中规定，中华人民共和国劳动者有休息的权利。国家发展劳动者休息和休养的设施，规定职工的工作时间和休假制度。

二、休息休假的意义

（一）有利于保障劳动者身体健康。休息是人的正常生活需要，包括生理需要和精神需要。通过休息，使劳动者在劳动中消耗的体力和脑力得到恢复，从而保障劳动者身体健康。

（二）有利于提高劳动者素质。在休息时间，劳动者可以读书学习，从事文化生活、体育活动和社交活动，提高自己的素质和工作能力，从而得到全面发展。

（三）有利于提高劳动生产率。保证劳动者在工作之外有充足的休息时间，才能使劳动者有更为充沛的精力和体力继续从事劳动，调动劳动者积极性，从而提高劳动生产率。

（四）有利于促进就业。休息休假关系到劳动者就业问题。通过缩短劳动工作时间增加休息时间，国家可以调节劳动力供需之间的矛盾，为劳动者提供更多的劳动岗位，是解决失业问题的一个途径。

三、休息休假的法律依据

（一）我国《宪法》规定："中华人民共和国劳动者有休息的权利。国家发展劳动者休息和休养的设施，规定职工的工作时间和休假制度。"

（二）《劳动法》第4章工作时间和休息休假的规定。

（三）1995年2月17日国务院第8次全体会议通过的《国务院关于职工工作时间的规定》："职工每日工作8小时、每周工作40小时。"

（四）2007年12月7日国务院第198次常务会议通过《职工带薪年休假条例》，自2008年1月1日起施行。

（五）2007年12月14日颁布，自2008年1月1日起施行的《全国年节及纪念日放假办法》。

第二节　休息休假的种类

一、一个工作日内的休息时间

一个工作日内的休息时间是指劳动者在每个工作日应有的休息和用膳时间，即午休时间。间歇时间一般不少于半个小时；实行单班制或双班制的企业，间歇时间应规定在工作开始后4小时；对怀孕7个月的女职工应给予工间休息时间。

二、两个工作日之间的休息时间

两个工作日之间的休息时间一般为15~16小时，无特殊情况应保障职工连续使用不得间断。

三、公休假日

公休假日又称"公休日"。指法律规定或者依法订立的协议规定的每工作一定时间必须休息的时间。如每工作 5 天以后休息 2 天，这 2 天就是公休假日。在我国，国家机关、企业事业单位实行统一的工作和休息时间，每周的星期六和星期日为休息日。对于因生产工作需要等不能在公休假日休息的，可使职工在一周内的其他时间轮流休息。

四、法定节日

法定节日是指劳动者脱离职业劳动用于欢度节日、开展纪念、庆祝活动的节假日。

（一）全体劳动者享有的节假日

1.新年（元旦）：放假 1 天（1 月 1 日）；

2.春节：放假 3 天（农历正月初一、初二、初三）；

3.清明节：放假 1 天（农历清明当日）；

4.劳动节：放假 1 天（5 月 1 日）；

5.端午节：放假 1 天（农历端午当日）；

6.中秋节：放假 1 天（农历中秋当日）；

7.国庆节：放假 3 天（10 月 1 日、2 日、3 日）。

全体公民放假的假日，如果适逢星期六、星期日，应当在工作日顺延补假。

（二）部分劳动者享有的节假日

1.妇女节（3 月 8 日）：妇女放假半天；

2.青年节（5 月 4 日）：14 周岁以上的青年放假半天；

3.儿童节（6 月 1 日）：不满 14 周岁的少年儿童放假 1 天；

4.中国人民解放军建军节（8 月 1 日）：现役军人放假半天。

上述节日适逢每周的休息日时，不再补假。

各地区少数民族节日，由少数民族所在地省级人民政府根据各民族风俗习惯，分别自行规定。

其他纪念节日，如护士节、教师节、记者节、植树节等，均不放假。

五、探亲假

探亲假是指与父母或配偶分居两地的职工，每年享有的与父母或配偶团聚的假期。

(一) 探望父母

1.未婚职工探望父母：每年 1 次，假期为 20 天。可两年合并享受，假期为 45 天。往返路费由所在单位负担。

2.已婚职工探望父母：每 4 年 1 次，假期 20 天，往返路费在本人月标准工资 30%以内的自理，超过部分由单位负担。

(二) 探望配偶

每年给予 1 次，假期为 30 天，往返路费由单位负担。凡实行休假制度的职工，应在休假期探亲，如休假期太短，可由单位补足天数。

六、年休假

年休假指法律规定的职工满 1 年的工作年限后，每年享有的连续带薪休息假日。年休假的休假时间，一般根据工龄长短和劳动者年出勤率的高低而决定。

从 2008 年 1 月 1 日起施行的《职工带薪年休假条例》第 3 条规定："职工累计工作已满 1 年不满 10 年的，年休假 5 天；已满 10 年不满 20 年的，年休假 10 天；已满 20 年的，年休假 15 天。""国家法定休假日、休息日不计入年休假的假期。"同时规定劳动者在年休假期间享受与正常工作期间相同的工资收入。

年休假工作年限的计算，它是以员工累计的工作年限为基础。即在同一或者不同用人单位的工作年限合计计算，而不是仅计算本单位的工作年限。如员工在参加工作之前（间）服兵役、作为知识青年上山下乡、在计划经济时期转正前在转正单位的临时工工龄等均与参加工作后的工作年限综合累计计算。

《职工带薪年休假条例》第 4 条规定，职工有下列情形之一的，不享受当年的年休假：

（一）职工依法享受寒暑假，其休假天数多于年休假天数的；

（二）职工请事假累计 20 天以上且单位按照规定不扣工资的；

（三）累计工作满 1 年不满 10 年的职工，请病假累计 2 个月以上的；

（四）累计工作满 10 年不满 20 年的职工，请病假累计 3 个月以上的；

（五）累计工作满 20 年以上的职工，请病假累计 4 个月以上的。

根据规定，用人单位根据生产、工作的具体情况，并考虑职工本人意愿，统筹安排职工年休假。年休假在 1 个年度内可以集中安排，也可以分段安排，一般不跨年度安排。用人单位因生产、工作特点确有必要跨年度安排职工年休假的，可以跨 1 个年度安排。

用人单位确因工作需要不能安排职工休年休假的，经职工本人同意，可以不安排职工休年休假。对职工应休未休的年休假天数，用人单位应当按照该职工日工资收入的 300% 支付年休假工资报酬。

第三节　工作时间

一、工作时间的概念

工作时间又称劳动时间，是指法律规定的劳动者在一昼夜和一周内从事劳动的时间。它包括每日工作的小时数、每周工作的天数和小时数。

二、工作时间的特点

（一）工作时间是劳动者履行劳动义务的时间。根据劳动合同的约定，劳动者必须为用人单位提供劳动的时间即为工作时间。劳动时间有工作小时、工作日和工作周3种，其中工作日即在一昼夜内的工作时间，是工作时间的基本形式。

（二）工作时间不限于实际工作时间。工作时间的范围，不仅包括作业时间，还包括准备工作时间、结束工作时间以及法定非劳动消耗时间。其中，法定非劳动消耗时间是指劳动者自然中断的时间、工艺需中断时间、停工待活时间、女职工哺乳婴儿时间、出差时间等。此外，工作时间还包括依据法律、法规或单位行政安排离岗从事其他活动的时间。

（三）工作时间是用人单位计发劳动者报酬依据之一。劳动者按照劳动合同约定的时间提供劳动，即可以获得相应的工资福利待遇。加班加点的，可获得加班加点工资。

（四）工作时间的长度由法律直接规定，或由集体合同或劳动合同直接规定。工作时间分为标准工作时间、计件工作时间和其他工作时间。标准工作时间，是指国家法律规定的，在正常情况下，一般职工从事工作或者劳动的时间。国家实行劳动者每日工作时间不超过8小时、平均每周工作时间不超过40小时的工时制度。计件工作时间，是指以劳动者完成一定劳动定额为标准的工作时间。对实行计件工作的劳动者，用人单位应当根据《劳动法》的有关规定合理地确立劳动定额和计件报酬标准。其他工作时间，是指用人单位因自身特点不能实行标准工作时间的，经劳动行政部门批准，可以实行的其他工作时间。目前主要有在特殊情况下，对劳动者缩短工作时间，或分别以周、月、季、年为周期综合计算工作时间长度，或采取每日没有固定工作时数的工时形式等。

（五）劳动者或用人单位不遵守工作时间的规定或约定，要承担相应的法律责任。

三、工作时间的种类

（一）标准工作时间（标准工时）

是指法律规定的在一般情况下普遍适用的，按照正常作息办法安排的工作日和工作周的工时制度。我国的标准工时为劳动者每日工作8小时，每周工作 40 小时，在 1 周（7 日）内工作 5 天。实行计件工作的劳动者，用人单位应当根据每日工作 8 小时、每周工作 40 小时的工时制度，合理确定其劳动定额和计件报酬标准。

（二）缩短工作时间

是指法律规定的在特殊情况下劳动者的工作时间长度少于标准工作时间的工时制度。即每日工作少于 8 小时。缩短工作日适用于：（1）从事矿山井下、高温、有毒有害、特别繁重或过度紧张等作业的劳动者；（2）从事夜班工作的劳动者；（3）哺乳期内的女职工。

（三）延长工作时间

是指超过标准工作日的工作时间，即日工作时间超过 8 小时，每周工作时间超过 40 小时。延长工作时间必须符合法律、法规的规定。

（四）不定时工作时间和综合计算工作时间

不定时工作时间，又称不定时工作制，是指无固定工作时数限制的工时制度。适用于工作性质和职责范围不受固定工作时间限制的劳动者。如企业中的高级管理人员、外勤人员、推销人员、部分值班人员，从事交通运输的工作人员以及其他因生产特点、工作特殊需要或职责范围的关系，适合实行不定时工作制的职工等。综合计算工作时间，又称综合计算工时工作制，是指以一定时间为周期，集中安排并综合计算工作时间和休息时间的工时制度。即分别以周、月、季、年为周期综合计算工作时间，但其平均日工作时间和平均周工作时间应与法定标准工作时间基本相同。对符合下列条件之一的职工，可以实行综合计算工作日：（1）交通、铁路、邮电、水运、航空、渔业等行业中因工作性质特殊，需连续作业的职工；（2）地质及资源勘探、建筑、制盐、制糖、旅游等受季节和自然条件限制的行业的部分职工；（3）其他适合实行综合计算工时工作制的职工。

实行不定时工作制和综合计算工时工作制的企业，应根据劳动法的有关规定，与工会和劳动者协商，履行审批手续，在保障职工身体健康并充分听取职工意见的基础上，采用集中工作、集中休息、轮流调休、弹性工作时间等适当方式，确保职工的休息休假权利和生产、工作任务的完成。

对于实行不定时工作制的劳动者，企业应根据标准工时制度合理确定劳动者的劳动定额或其他考核标准，以便安排劳动者休息。其工资由企业按照本单位的工资制度和工资分配办法，根据劳动者的实际工作时间和完成劳动定额情况计发。对于符合带薪年休假条件的劳动者，企业可安排其享受带薪年休假。实行综合计算工时工作制的企业，在综合计算周期内，某一具体日（或周）的实际工作时间可以超过 8 小时（或 40 小时）。但综合计算周期内的总实际工作时间不应超过总法定标准工作时间，超过部分应视为延长工作时间，并按劳动法第 44 条第（1）项的规定支付工资报酬，其中法定休假日安排劳动者工作的，按劳动法第 44 条第（3）项的规定支付工资报酬。而且，延长工作时间的小时数平均每月不得超过 36 小时。

第四节 加班加点

一、加班加点的概念

加班加点是在用人单位执行的工作时间制度的基础上延长工作时间。凡在法定节假日或公休假日进行工作的叫作加班，凡在正常工作日延长工作时间的叫作加点，比如一天工作增加了 2 个小时等。加班加点必然占用职工的休息时间。加班加点过多，对职工的身体健康会造成影响。所以，我国法律法规对加班加点予以严格限制。

二、法律规定

（一）禁止延长工作时间

《劳动法》第 43 条规定："用人单位不得违反本法规定延长劳动者的工作时间。"《国务院关于职工工作时间的规定》第 6 条规定："任何单位和个人不得擅自延长职工工作时间。"

（二）限制延长工作时间

《劳动法》第41条规定，延长工作时间，一般每日延长不得超过1小时；因特殊原因需要延长工作时间的，在保障劳动者身体健康的条件下，每日延长不得超过3小时，但每月不得超过36小时。

《劳动法》第90条规定："用人单位违反本法规定，延长劳动者工作时间的，由劳动行政部门给予警告，责令改正，并可以处以罚款。"

（三）延长工作时间程序规定

《劳动法》规定：用人单位延长工作时间，应当与工会和劳动者协商。

（四）例外规定

《劳动法》第42条规定，在下列情形下，工作时间的延长是不受本法第41条规定的限制的：

1.发生自然灾害、事故或因其他原因，威胁劳动者生命健康和财产安全，需要紧急处理的；

2.生产设备、交通运输线路、公共设施发生故障，影响生产和公众利益，必须及时抢修的；

3.法律、行政法规规定的其他情形。

法律、法规规定的其他情形主要有：

（1）因特殊情况在法定节日或公休日不能间断工作的，如发电企业、公交车；

（2）必须利用法定节日或公休日的停产期间进行设备检修、保养的；

（3）为完成国防紧急任务等。

三、延长工作时间的工资标准

由于劳动者在延长工作时间期间的劳动付出的额外性，所以劳动法规定，用人单位应当支付高于劳动者正常工资的报酬：

（一）平日安排劳动者延长工作时间的，支付不低于工资的150%的工资报酬；

（二）安排劳动者在休息日工作又不能安排补休的，支付不低于工资

200%的报酬;

（三）安排劳动者在法定节假日工作的，支付不低于工资的 300% 的工资报酬。

思考题

1.休息休假的重要意义是什么？

2.我国劳动者的休息休假有哪几种？

3.年休假是怎样规定的？

4.工作时间有哪些特点？

5.我国工作时间分哪几种？

6.加班加点有哪些规定？

7.加班加点的工资标准是怎样规定的？

案例 1

工程公司能否自定实行"综合计时工作制"?

案情：某建筑工程公司竞标成功一项工程，因为要在合同期内完成该工程，公司决定对员工实行综合计时工作制。员工每天工作都超过 10 小时，甚至有连续很多天工作了 12 个小时，工作量很大。1 个月只有 4 天假，还要由公司主任具体安排，员工有事要提前 3 天请假，不然不批假。连续工作 2 个月后，很多员工都坚持不住了，蓝某作为员工到劳动局反映了这一情况，劳动局发现该公司实行综合计时工作制根本就没有到劳动局进行申报和审批，立即对该公司进行了查处。劳动局对该公司的查处有法律依据吗？

评析：综合计时工作制是一些特殊行业，需要连续工作，由每班多人多个班轮流倒班的工作制度。依据我国《关于贯彻执行〈中华人民共和国劳动法〉若干问题的意见》的规定，经批准实行综合计算工作时间的用人单位，分别以周、月、季、年等为周期综合计算工作时间，但其平均日工作时间和平均周工作时间应与法定标准工作时间基本相同，实行综合计算工作时间须经劳动行政部门批准。综合计时工作制，超过法定工作时间的工作小时，全部按延时加班计算，即按150%计算，周六、周日加班也按延时加班150%计算，只有法定假，如国庆、春节等加班的按300%计算。企业实行综合计时工作制必须报劳动行政部门批准后才能执行。本案中，该建筑工程公司以实行综合计时工作制的名义让员工超强度工作，且没有对其工种、工作时间等内容报与当地劳动局进行审批，其行为是不合法的，劳动局依法有权对其进行查处。

案例 2

企业可以自行实行不定时工作时间制度吗？

案情： 赵先生到现在的公司已经两年了，工作很努力，被提升为公司的销售总监，公司把他列为高级管理人员，对他实行灵活的不定时工作制。最近，公司分管生产和销售的副总经理对赵先生的工作方法有些不同看法，对他提出了多次批评意见。但是，赵先生认为自己干的一贯很好，副总经理的批评意见分明是找碴，所以他从来听不进去，只是按照自己的习惯管理。结果，最近公司给他发出一份书面通知，要求他从下月起每天按时上下班，而且必须打卡，否则按旷工论处。赵先生觉得这完全是公司副总经理在整自己，便赌气不理会公司的通知，继续按照习惯上班。几天之后，公司对他作出了解聘决定，理由是他连续旷工，严重违反了《员工手册》的规定。赵先生非常委屈，但是公司确实有他旷工的考勤记录，公司《员工手册》也明确写了连续旷工3天者，公司可以解聘。

问题： 公司的处理正确吗？

解析： 这家公司的规章制度与公司实行的工时制度存在矛盾之处，公司以旷工为由解聘实行不定时制度岗位的员工，属于依据的规章制度违法，应予纠正。

公司根据自己不同岗位的情况，经过劳动保障部门审批后实行综合计算或不定时工作时间制度，均是《中华人民共和国劳动法》授予企业的工作时间管理权限。尤其是公司的管理层，因为具有明显的工作机动性强、无法确切衡量工作时间等特点，根据实际需要，在履行向劳动保障部门审批的程序后（部分地方公司高级管理人员实行不定时工作制不需要审批），可以实行不定时工作制，即不需要进行正常工作时间的安排和考勤，而以其工作任务完成情况来考核工作量。不定时工作制的特点之一就是工作时间上不再存在休息日、节假日，一律由员工根据需要自行安排。因此，如果对某个岗位实行不定时工作制，不能再以标准工时的管理制度要求员工打卡、考勤，更不能以公司员工不记考勤、旷工而作出违纪处理。

第七章　劳动者在劳动安全卫生方面的权利和义务

第一节　劳动者在安全生产方面的权利和义务

劳动者是生产力中最活跃、最积极的因素，也是生产安全事故最直接的受害者。所以，劳动者既是生产经营活动中的重点保护对象，同时，他们本身又是实现安全生产的基本要素。为了切实搞好安全生产，防止和减少生产安全事故的发生，劳动者应当依法获得安全保障的权利，同时，也应当严格履行安全生产方面的法定义务。

《安全生产法》第6条规定，生产经营单位的从业人员有依法获得安全生产保障的权利，并应当依法履行安全生产方面的义务。这里所称的生产经营单位的从业人员，是指该单位从事生产经营活动各项工作的所有人员，包括管理人员、技术人员和各岗位的工人，也包括生产经营单位临时聘用的人员和被派遣劳动者。

一、劳动者在安全生产方面的权利

对劳动者的安全生产保障，关系到劳动者的生命安全和身体健康，是劳动者应享有的基本人权。我国《劳动法》规定："劳动者享有平等就业和选择职业的权利、取得劳动报酬的权利、休息休假的权利、获得劳动安全卫生保护的权利、接受职业技能培训的权利、享受社会保险和福利的权利、提请劳动争议处理的权利以及法律规定的其他劳动权利。"《安全生产法》也明确规定：生产经营单位的劳动者有依法获得安全生产保障的权利。

根据上述法律规定，劳动者在安全生产方面的权利主要如下。

（一）劳动合同保障权

《安全生产法》规定，"生产经营单位与从业人员订立的劳动合同，应当载明有关保障从业人员劳动安全、防止职业危害的事项，以及依法为从业人员办理工伤保险的事项"。

劳动合同是劳动者与用人单位确立劳动关系、明确双方权利和义务的协议。在劳动合同中必须具备以下条款：劳动合同期限；工作内容；劳动保护和劳动条件；劳动报酬；劳动纪律；劳动合同终止的条件；违反劳动合同的责任。根据劳动合同法规定，用人单位招用劳动者时，应当如实告知劳动者工作内容、工作条件、工作地点、职业危害、安全生产状况等情况；建立劳动关系，应当订立书面劳动合同。劳动合同应当具备劳动保护、劳动条件和职业危害防护、社会保险等条款。《安全生产法》从保护从业人员劳动安全，维护从业人员安全生产方面的合法权益的角度，进一步具体规定了劳动合同应当载明的两个法定事项。一是保障从业人员劳动安全，防止职业危害的事项。从业人员的劳动总是在各种具体环境、条件下进行，在生产中存在各种不安全、产生职业危害的因素，如果不采取相应保护措施，则极可能发生事故，危害从业人员的安全和健康，这些都涉及从业人员的切身利益。因此，《安全生产法》作出了强制性规定，这是生产经营单位必须履行的一项义务，是从业人员享有的一项重要的权利。生产经营单位必须按照这一款规定履行义务，以确保从业人员的知情权，保护从业人员的劳动安全。二是办理工伤保险的事项。社会保险是政府通过立法强制实施，保障劳动者基本生活需求的社会保障制度。社会保险法规定，国家建立基本养老保险、基本医疗保险、工伤保险、失业保险、生育保险等社会保险制度，保障公民在年老、疾病、工伤、失业、生育等情况下依法从国家和社会获得物质帮助的权利。这里规定的工伤社会保险，就是指社会保险法规定的工伤保险，是劳动者在职业活动中因工作原因受到事故伤害或者患职业病，经工伤认定而享受的社会保险待遇，这种社会保险与商业保险的不同之处就在于其法定的强制性。根据社会保险法的规定，职工应当参加工伤保险，由用人单位缴纳工伤保险费，职工不缴纳工伤保险费。也就是说，从业人员应当参加工伤社会保险，生产经营单位应当依法为从业人员缴纳保险费。劳动合同中载明依法为从业人员办理工伤保险的事项，确保了从业人员的知情权，维护了从业人员的合法权益，也有利于对生产经营单位的监督。

用人单位不得以任何形式与从业人员订立协议，免除或者减轻其对从业人员因生产安全事故伤亡依法应承担的责任。劳动合同法中明确规定，用人单位免除自己的法定责任、排除劳动者权利的劳动合同无效。无效的劳动合同，从订立的时候起就没有法律约束力。同时，《安全生产法》第106条对这种违法行为规定了相应的法律责任，即生产经营单位与从业人员订立协议，免除或者减轻其对从业人员因生产安全事故伤亡依法应承担的责任的，该协议无效；对生产经营单位的主要负责人、个人经营的投资人处2万元以上10万元以下的罚款。

（二）知情权

根据《安全生产法》规定，劳动者有权了解其作业场所和工作岗位存在的危险因素、防范措施及事故应急措施。作业场所是劳动者进行生产劳动的区域，包含3种不同的空间范围：一是人体在规定位置上进行作业时所必需的空间，也称作业接触空间，劳动者完成生产任务时大部分工时主要在此范围内度过；二是人体在作业时或进行其他活动时，自由活动所需要的空间，即作业活动空间；三是为保障人体安全，避免人体与危险源直接接触所需要的安全防护空间。由于生产经营活动的特点，作业场所和工作岗位存在危险因素是必然的。劳动者有权了解作业场所和工作岗位存在的危险因素，如易燃易爆、有毒有害等危险物品及其可能对人体造成的伤害；机械设备运转时存在的危险因素等。劳动者了解这些危险因素，对于其提高防范意识，保障自身安全，非常必要。用人单位应当如实告知，不得隐瞒，更不得欺骗劳动者。

劳动者还有权了解针对危险因素的防范措施及事故应急措施。危险因素的防范措施，是指为了防止、避免危险因素对劳动者人身安全造成危害而应当采取的技术上、操作上的措施。事故应急措施，是指用人单位根据本单位的实际情况，针对可能发生的事故的类别、性质、特点和范围制定的事故发生时应当采取的组织、技术措施和其他应急措施。这不仅是劳动者的权利，也是有效预防事故的发生和将事故损失降到最低限度的需要，同时，也是劳动者实现自我保护的有效途径。

（三）建议权

根据《安全生产法》规定，劳动者有权对本单位的安全生产工作提出建议。劳动者对本单位安全生产的建议权，是维护劳动者人身安全的需要。劳动者是生产经营活动的直接承担者，也是生产经营活动中各种危险的直接面对者。同时，在生产经营活动的实践中，劳动者对本单位的安全生产工作有切身的感受和体会，能够提出一些合理化的、切中要害的建议。因此，赋予劳动者对本单位安全生产工作提出建议权，不仅可以充分调动劳动者在安全生产方面的主动性和积极性，体现安全生产管理的民主性，而且有利于减少用人单位在安全生产工作中的失误，保障安全生产工作的科学性、合理性，有效地防止生产安全事故的发生。

用人单位的主要负责人应当为劳动者充分行使建议权提供机会，创造条件。要重视和尊重劳动者的意见和建议，并对他们的建议作出答复。同时，用人单位对劳动者提出的建议，应当区别对待，合理的应当采纳，不合理的应当给予解释，暂时做不到的，应当加以说明。

（四）批评、检举、控告权

《安全生产法》规定："从业人员有权对本单位安全生产工作中存在的问题提出批评、检举、控告。"

劳动者直接从事生产经营活动，对用人单位在安全生产工作中存在的问题有最直接的感受，因此，赋予劳动者对本单位安全生产工作中存在的问题提出批评的权利，有利于劳动者对用人单位的安全生产工作进行监督，使用人单位管理人员能经常倾听群众意见，不断改进安全生产工作。同时，对安全生产工作中存在的问题，如管理制度不健全、资金不到位、隐患不及时处理等，劳动者还有权向负有安全生产监督管理职责的部门、监察机关、有关地方人民政府等进行检举、控告。特别是在用人单位有关负责人不接受批评意见，不采取改进措施的情况下，赋予劳动者进行检举、控告的权利，更具有现实意义。规定劳动者的这一权利，也有利于有关部门及时了解、掌握用人单位安全生产工作中存在的问题，采取措施，制止和查处用人单位违反安全生产法律、法规的行为，保障安全生产，防止生产安全事故的发生。

对于劳动者的检举、控告，有关机关应当查清事实，认真处理，任何人不得压制和打击报复。检举、控告人如不愿公开自己姓名的，有关机关应当采取切实可行的措施，为其保密。

（五）拒绝权

拒绝权，是指劳动者有拒绝违章指挥和拒绝强令冒险作业的权利。《安全生产法》规定：劳动者"有权拒绝违章指挥和强令冒险作业"。

违章指挥是指用人单位有关管理人员在生产经营活动中，违反国家有关安全生产的法律、法规和有关安全规章制度的规定，对劳动者具体的生产经营活动进行指挥；强令冒险作业是指用人单位有关管理人员明知开始或者继续作业会有重大危险的情况下，仍然强迫劳动者进行劳动的行为。用人单位违章指挥、强令冒险作业，违背了"安全第一"的方针，侵犯了劳动者的合法权益，是严重的违法行为，也是直接导致生产安全事故的重要原因。因此，规定劳动者有权拒绝用人单位违章指挥和强令冒险作业，对于维护正常的生产经营秩序，有效防止生产安全事故的发生，保护劳动者的人身安全，具有非常重要的意义。

实践中，一些用人单位把对本单位安全生产工作提出批评、检举、控告或者拒绝违章指挥、强令冒险作业的劳动者视为"刺头""不听话""闹事"，而对其进行打击报复，致使劳动者心存疑虑，不敢大胆行使法律赋予的权利。为了解除劳动者的后顾之忧，保障劳动者充分行使上述权利，《安全生产法》强调规定：用人单位不得因劳动者对本单位安全生产工作提出批评、检举、控告或者拒绝违章指挥、强令冒险作业而降低其工资、福利待遇或者解除与其订立的劳动合同。

（六）紧急避险权

根据《安全生产法》规定，劳动者发现直接危及人身安全的紧急情况时，有权停止作业或者在采取可能的应急措施后撤离作业场所。生产经营单位不得因劳动者行使该项权利而降低其工资、福利待遇或者解除与其订立的劳动合同。

由于生产经营活动具有不可预测的风险，因此，劳动者在作业过程中有可能会突然遇到直接危及人身安全的紧急情况，此时如果不停止作业或者撤离作业场所，就会造成重大的人身伤亡。因此，法律赋予劳动者在上述紧急情况下可以停止作业或者撤离作业场所的权利。紧急避险权是劳动者自己可以直接作出的一项重要决定权。这项权利只有在劳动者发现直接危及人身安全的紧急情况出现，如果继续作业就会危及生命安全时，才有权停止作业或者在采取了可能的应急措施后才能撤离作业场所。

需要特别指出的是，《安全生产法》的这一规定是一项比较新的规定，充分体现了我国"安全第一、预防为主、综合治理"的安全生产方针，反映了党和政府对劳动者生命权高度重视和尊重。实践中，如何判断"直接危及人身安全的紧急情况"，什么样的措施算是"可能的应急措施"，都需要进一步探索。劳动者应当客观、正确地分析、判断危及人身安全险情的程度，慎重行使这一权利，而且应当注意在行使这项权利前，应当尽最大可能，采取应急措施，将发生生产安全事故的可能性和损失减少到最低。

（七）安全生产教育权

根据《安全生产法》规定，生产经营单位应当对从业人员进行安全生产教育和培训，保证从业人员具备必要的安全生产知识，熟悉有关的安全生产规章制度和安全操作规程，掌握本岗位的安全操作技能了解事故应急处理措施，知悉自身在安全生产方面的权利和义务。未经安全生产教育和培训的从业人员，不得上岗作业。

安全生产，人人有责，每个劳动者的具体生产经营活动安全了，整个用人单位的生产安全就得到了保障，因此，对广大劳动者进行安全生产教育和培训，提高他们的安全素质和防范事故的能力，对搞好安全生产有着非常重要的意义。根据《生产经营单位安全培训规定》："生产经营单位从业人员应当接受安全培训，熟悉有关安全生产规章制度和安全操作规程，具备必要的安全生产知识，掌握本岗位的安全操作技能，了解事故应急处理措施、知悉自身在安全生产方面的权利和义务。未经安全培训合格的从业人员，不得上岗作业。"

安全生产教育的内容主要包括以下几方面。

1.安全生产思想教育。旨在提高广大劳动者的安全意识、自我保护意识，增强责任感，牢固树立"安全第一"的思想。

2.安全生产的方针政策和法律法规教育。目的是强化劳动者的法治观念，了解、掌握党和国家有关安全生产的方针政策和法律法规，并认真贯彻执行。

3.安全技术知识教育，目的是使劳动者懂得预防生产安全事故的技术知识。

4.安全生产技能教育。安全生产技能是指劳动者安全完成作业的技巧和能力。它包括作业技能、熟练掌握作业安全装置设施的技能以及在应急情况下，进行妥善处理的技能。

5.典型经验和事故教训教育。学习典型经验，可以使劳动者受到教育和启发，对照先进找差距，进一步搞好安全生产；接受事故教训，可以使劳动者认识伤亡事故发生的规律，采取措施，预防事故发生。

安全生产教育的形式主要如下。

1.三级安全教育，即入厂教育、车间教育、班组教育。根据《生产经营单位安全培训规定》，加工、制造业等生产单位的其他从业人员，在上岗前必须经过厂（矿）、车间（工段、区、队）、班组三级安全培训教育。生产经营单位可以根据工作性质对其他从业人员进行安全培训，保证其具备本岗位安全操作、应急处置等知识和技能。

生产经营单位新上岗的从业人员，岗前培训时间不得少于 24 学时。煤矿、非煤矿山、危险化学品、烟花爆竹等生产经营单位新上岗的从业人员安全培训时间不得少于 72 学时，每年接受再培训的时间不得少于 20 学时。

厂（矿）级岗前安全培训内容应当包括：（1）本单位安全生产情况及安全生产基本知识；（2）本单位安全生产规章制度和劳动纪律；（3）从业人员安全生产权利和义务；（4）有关事故案例等。

车间（工段、区、队）级岗前安全培训内容应当包括：（1）工作环境及危险因素；（2）所从事工种可能遭受的职业伤害和伤亡事故；（3）所从事工种的安全职责、操作技能及强制性标准；（4）自救互救、急救方法、疏散和现场紧急情况的处理；（5）安全设备设施、个人防护用品的使用和维护；（6）本车间（工段、区、队）安全生产状况及规章制度；（7）预防事故和职业危害的措施及应注意的安全事项；（8）有关事故案例；（9）其他需要培训的内容。

班组级岗前安全培训内容应当包括：（1）岗位安全操作规程；（2）岗位之间工作衔接配合的安全与职业卫生事项；（3）有关事故案例；（4）其他需要培训的内容。

从业人员在本生产经营单位内调整工作岗位或离岗1年以上重新上岗时，应当重新接受车间（工段、区、队）和班组级的安全培训。生产经营单位采用新工艺、新技术、新材料或者使用新设备时，应当对有关从业人员重新进行有针对性的安全培训。

2.特种作业人员的安全教育。特种作业人员在独立上岗前，必须进行与本工种相适应的、专门的安全技术理论学习和实际操作训练，要求持证上岗。根据《生产经营单位安全培训规定》，生产经营单位的特种作业人员，必须按照国家有关法律、法规的规定接受专门的安全培训，经考核合格，取得特种作业操作资格证书后，方可上岗作业。

3.经常性的安全教育，如举办安全生产培训班、召开事故现场分析会、通过广播、电视、录像等，对劳动者进行教育。

（八）获得赔偿权

《安全生产法》第56条规定：生产经营单位发生生产安全事故后，应当及时采取措施救治有关人员。因生产安全事故受到损害的从业人员，除依法享有工伤保险外，依照有关民事法律尚有获得赔偿的权利的，有权提出赔偿要求。这一规定包含以下3层意思。

1.得到救治的权利

安全生产工作应当坚持人民至上、生命至上，把保护人民生命安全摆在首位。在处理事故时，生产经营单位要把保护人的生命安全放在第一位，当发生人身伤亡事故时，要首先救治伤员，然后才保护财产。《生产安全事故应急条例》第17条第1款规定，发生生产安全事故后，生产经营单位应当立即启动生产安全事故应急救援预案，并应迅速控制危险源，组织抢救遇险人员。《安全生产法》第83条第2款规定，单位负责人接到事故报告后，应当迅速采取有效措施，组织抢救，防止事故扩大，减少人员伤亡和财产损失。生产经营单位发生生产安全事故后，最紧急的就是立即展开救援工作。为救治有关人员，可以采取的措施包括把伤员运送到安全地点、对伤员进行急救、及时将伤员送医等。

2.因生产安全事故受到损害的劳动者依法享有工伤保险权

工伤保险是指劳动者遭遇工伤事故后，经劳动鉴定委员会鉴定为暂时或者永久地、全部或者部分地丧失劳动能力时，依社会保险法律获得的法定的医疗护理、生活保障以及必要的经济补偿的制度。

根据《工伤保险条例》规定，职工有下列情形之一的，应当认定为工伤：（1）在工作时间和工作场所内，因工作原因受到事故伤害的；（2）工作时间前后在工作场所内，从事与工作有关的预备性或者收尾性工作受到事故伤害的；（3）在工作时间和工作场所内，因履行工作职责受到暴力等意外伤害的；（4）患职业病的；（5）因工外出期间，由于工作原因受到伤害或者发生事故下落不明的；（6）在上下班途中，受到机动车事故伤害的；（7）法律、行政法规规定应当认定为工伤的其他情形。另外，对于以下情形可以视同为工伤：（1）在工作时间和工作岗位，突发疾病死亡或者在48小时之内经抢救无效死亡的；（2）在抢险救灾等维护国家利益、公共利益活动中受到伤害的；（3）职工原在军队服役，因战、因公负伤致残，已取得革命伤残军人证，到用人单位后旧伤复发的。

工伤确认的基本程序是：职工发生事故伤害或者按照《职业病防治法》规定被诊断、鉴定为职业病，所在单位应当自事故伤害发生之日或被诊断、鉴定为职业病之日起30日内，向统筹地区社会保险行政部门提出工伤认定申请。遇有特殊情况，经社会保险行政部门同意后，可以适当延长申请期限。如果用人单位未按规定提出工伤认定申请的，工伤职工或者直系亲属、工会组织在事故伤害发生之日或者被诊断、鉴定为职业病之日起1年内，可以直接向用人单位所在地统筹地区社会保险行政部门提出工伤认定申请。社会保险行政部门应当自受理工伤认定申请之日起60日内作出工伤认定的决定，并书面通知申请工伤的职工或者其直系亲属和该职工所在单位。

工伤保险待遇主要包括：（1）工伤医疗待遇；（2）伤残待遇。

3.劳动者有权依照有关民事法律向本单位提出赔偿要求

根据民事法律责任中侵权的民事责任的规定，对劳动者造成损害的，用人单位应当承担赔偿责任。赔偿责任，是指行为人因其行为导致他人财产或者人身受到损害时，行为人以自己的财产补偿受害人所造成的损失的责任。这是承担民事责任的最普遍、适用最广的方式。其主要作用是补偿受害人的经济损失。赔偿的范围，原则上应赔偿受害人所受到的实际损失。具体到生产安全事故中，劳动者因事故受到损害的，如果用人单位对事故发生负有责任，则劳动者有权要求民事赔偿。因此，因生产安全事故受到损害的劳动者，除依法享有工伤社会保险外，根据民事法律规定可以获得赔偿的，还有权向本单位提出赔偿要求。也就是说，工伤社会保险和民事赔偿不能互相取代，劳动者可以享受双重的保障。

二、劳动者在安全生产方面的义务

劳动者在享受权利的同时，也要严格履行义务。《劳动法》规定：劳动者应当完成劳动任务，提高职业技能，执行劳动安全卫生规程，遵守劳动纪律和职业道德。在安全生产方面，劳动者应当履行哪些义务呢？根据《安全生产法》规定，主要有以下 5 项。

（一）劳动者应当严格落实岗位安全责任

《安全生产法》规定，从业人员在作业过程中，应当严格落实岗位安全责任。《中共中央　国务院关于推进安全生产领域改革发展的意见》提出，企业实行全员安全生产责任制度。《安全生产法》第 4 条第 1 款规定，生产经营单位建立健全全员安全生产责任制。第 22 条第 1 款规定，生产经营单位的全员安全生产责任制应当明确各岗位的责任人员、责任范围和考核标准等内容。因此，从业人员在作业过程中，应当根据自身岗位的性质、特点和具体工作内容，强化安全生产意识，提高安全生产技能，严格落实岗位安全责任，切实履行安全职责，做到安全生产工作"层层负责、人人有责、各负其责"。同时，对生产经营单位的从业人员不落实岗位安全责任的，《安全生产法》规定了法律责任，由生产经营单位给予批评教育，依照有关规章制度给予处分；构成犯罪的，依照刑法有关规定追究刑事责任。

（二）劳动者应当严格遵守本单位的安全生产规章制度和操作规程

《安全生产法》规定，从业人员在作业过程中，应当严格遵守本单位的安全生产规章制度和操作规程。安全生产规章制度是用人单位根据本单位的实际情况，依照国家法律、法规和规章的要求所制定的有关安全生产的具体制度。操作规程是用人单位为保障安全生产而对各工种的操作技术和具体程序所作的规定，是具体指导劳动者进行安全操作的重要技术准则。由于安全生产规章制度和操作规程是根据本单位的实际制定的，针对性较强，对保障安全生产有特殊意义。因此，劳动者除应当严格遵守有关安全生产的法律、法规外，还应当遵守用人单位的安全生产规章制度和操作规程。这是劳动者在安全生产方面的一项法定义务。劳动者必须增强法纪观念，自觉遵章守纪，从维护国家利益、企业利益和自身利益出发，把遵章守纪、按章操作落实到具体的作业活动中，确保安全生产的实现。

（三）劳动者应当服从管理

《安全生产法》规定，从业人员应当"服从管理"。劳动纪律是用人单位依法制定的，全体职工在劳动过程中必须遵守的行为规则，主要包括：时间纪律、组织纪律、岗位纪律、协作纪律、安全卫生纪律、品行纪律等。劳动纪律是社会化大生产正常进行的必要条件。凡是在集体劳动的场所，都必须有劳动纪律；没有劳动纪律，便没有社会化大生产。

劳动者遵守劳动纪律，服从管理，可以保持生产经营活动的良好秩序，有效地避免、减少伤亡事故的发生。劳动者如果不服从管理，违反规章制度，或者违章冒险作业，就极有可能造成重大生产安全事故。所以，每个劳动者都要自觉遵守劳动纪律，遵守用人单位的规章制度，服从命令，听从指挥，维护正常的生产、工作秩序。

（四）劳动者应当正确佩戴和使用劳动防护用品

《安全生产法》规定，从业人员应当"正确佩戴和使用劳动防护用品"。劳动防护用品是保护劳动者在劳动过程中安全与健康的一种防御性装备，是用人单位为保护劳动者在生产劳动过程中的安全和健康而提供给劳动者个人使用的保护用品。不同的劳动防护用品有其特定的佩戴和使用规则、方法，只有正确佩戴和使用，才能真正起到防护作用。用人单位应当依法为劳动者提供符合国家标准或者行业标准的劳动防护用品，但如果劳动者不正确佩戴和使用劳动防护用品，就不能真正发挥劳动防护用品的作用。因此，劳动者在劳动过程中必须提高安全生产意识，按照规则和要求正确佩戴和使用劳动防护用品。履行这一法定义务既是保护劳动者人身安全和健康的需要，也是实现安全生产，完成生产任务，提高经济效益的需要。

(五) 劳动者应当接受安全生产教育和培训

《安全生产法》规定：劳动者应当接受安全生产教育和培训，掌握本职工作所需要的安全生产知识，提高安全生产技能，增强事故预防和应急处理能力。要保障安全生产，防止伤亡事故的发生，劳动者必须具备安全生产知识、技能以及事故预防和应急处理能力。而要达到这个目的，必须对劳动者进行安全生产教育和培训。安全生产教育和培训的目的是使劳动者掌握安全生产知识，提高安全生产技能，增强事故预防及应急处理能力，自觉贯彻执行"安全第一、预防为主、综合治理"的方针和安全生产法律、法规，遵守安全生产规章制度和操作规程。所以，一方面，劳动者有接受安全生产教育和培训的权利；另一方面，劳动者也有接受安全生产教育和培训的义务。劳动者应当严格履行这一法定义务，自觉接受安全生产教育和培训，保障取得好的效果。

安全教育培训的基本内容包括安全意识教育、安全知识教育和安全技能教育。(1) 安全意识教育。安全意识教育是安全教育的重要组成部分，是搞好安全生产的关键环节。它包括思想认识教育和劳动纪律教育两方面内容。从业人员通过思想认识教育提高对劳动保护和安全生产重要性的认识，奠定安全生产的思想基础。劳动纪律教育是提高企业管理水平和安全生产条件，减少工伤事故，保障安全生产的必要前提。(2) 安全知识教育。从业人员接受安全知识教育是提高其安全技能的重要手段。其内容包括生产经营单位的基本生产概况、生产过程、作业方法或者工艺流程；生产经营单位内特别危险的设备和区域；专业安全技术操作规程；安全防护基本知识和注意事项；有关特种设备的基本安全知识；有关预防生产经营单位发生事故的基本知识；个人防护用品的构造、性能和正确使用的有关常识等。(3) 安全技能教育。安全技能教育是巩固从业人员安全知识的必要途径。其内容包括设备的性能、作用和一般的结构原理；事故的预防和处理及设备的使用、维护和修理。接受安全生产教育培训的人员应当达到相应要求，如对生产经营单位行政领导和技术负责人来说，在安全生产教育培训后，要懂得安全生产技术的基本理论；能制定、审查灾害预防处理计划和实施措施，能正确组织、指挥抢救事故；具备检查、处理事故隐患，分析安全情况和提出改善安全措施的能力。

从业人员接受安全教育培训的形式多种多样，如组织专门的安全教育培训班；班前班后交代安全注意事项，讲评安全生产情况；施工和检修前进行安全措施交底；各级负责人和安全员在作业现场工作时进行安全宣传教育、督促安全法规和制度的贯彻执行；组织安全技术知识讲座、竞赛；召开事故分析会、现场会，分析造成事故原因、责任、教训，制定事故防范措施；组织安全技术交流、安全生产展览，张贴宣传画、标语，设置警示标志，以及利用广播、电影、电视、录像等方式进行安全教育；通过由安全技术部门召开的安全例会、专题会、表彰会、座谈会或者采用安全信息、简报、通报等形式，总结、评比安全生产工作，达到安全教育的目的。从业人员要积极参加上述形式的安全教育培训。

(六) 劳动者发现事故隐患或者其他不安全因素，应当立即向现场安全生产管理人员或者本单位负责人报告

《安全生产法》规定：从业人员发现事故隐患或者其他不安全因素，应当立即向现场安全生产管理人员或者本单位负责人报告；接到报告的人员应当及时予以处理。根据《安全生产事故隐患排查治理暂行规定》第3条规定，安全生产事故隐患，是指生产经营单位违反安全生产法律、法规、规章、标准、规程和安全生产管理制度的规定，或者因其他因素在生产经营活动中存在可能导致事故发生的物的危险状态、人的不安全行为和

管理上的缺陷。事故隐患分为一般事故隐患和重大事故隐患。一般事故隐患，是指危害和整改难度较小，发现后能够立即整改排除的隐患。重大事故隐患，是指危害和整改难度较大，应当全部或者局部停产停业，并经过一定时间整改治理方能排除的隐患，或者因外部因素影响致使生产经营单位自身难以排除的隐患。生产安全事故虽然有意外性、偶然性和突发性的特点，但它又有一定的规律，可以通过采取有效措施尽可能加以预防。从业人员处于安全生产的第一线，最有可能及时发现事故隐患或者其他不安全因素，因此，《安全生产法》对从业人员发现事故隐患或者其他不安全因素规定了报告义务，这也符合职工参与安全生产工作的机制要求。其报告义务有两点要求：一是在发现上述情况后，应当立即报告，因为生产安全事故的特点之一是突发性，如果拖延报告，则使事故发生的可能性加大，发生了事故则更是悔之晚矣。二是接受报告的主体是现场安全生产管理人员或者本单位的负责人，以便于对事故隐患或者其他不安全因素及时作出处理，避免事故的发生。接到报告的人员须及时进行处理，以防止有关人员延误消除事故隐患的时机。

根据《安全生产法》，劳动者发现事故隐患或者其他不安全因素，应当立即向现场管理人员或者本单位有关负责人报告，接到报告的人员应当及时予以处理。对劳动者及时报告义务的规定，对用人单位迅速采取安全防范措施，及时消除事故隐患和其他不安全因素，具有十分重要的意义。可以说，劳动者报告得越早，事故隐患或者其他不安全因素可能造成的危害就越小。因此，报告事故隐患和其他不安全因素，贵在及时，重在及时。当然，劳动者对事故隐患或者其他不安全因素的报告，应当尽可能具体、属实，既不能夸大事实，也不能大事化小，以免对事故隐患或其他不安全因素的处置造成误导。

第二节　劳动者在职业卫生方面的权利和义务

一、劳动者在职业卫生方面的权利

劳动者在职业卫生方面的权利，是指劳动者在就业或者从事职业活动中为了保护自身健康不受职业危害，有权作为或者不作为的行为，也包括要求用人单位作为或者不作为的行为。《职业病防治法》规定："劳动者依法享有职业卫生保护的权利。用人单位应当为劳动者创造符合国家职业卫生标准和卫生要求的工作环境和条件，并采取措施保障劳动者获得职业卫生保护。"

根据《职业病防治法》第39条的规定，劳动者享有下列职业卫生保护权利。

（一）获得职业卫生教育、培训的权利

劳动者有权要求用人单位对其进行上岗前和在岗期间的定期职业卫生教育、培训，增强职业卫生意识，获得职业卫生知识，掌握职业病防治法律、法规、规章和操作规程，正确使用职业病防护设备和个人使用的职业病防护用品。《职业病防治法》规定，"用人单位应当对劳动者进行上岗前的职业卫生培训和在岗期间的定期职业卫生培训，普及职业卫生知识，督促劳动者遵守职业病防治法律、法规、规章和操作规程，指导劳动者正确使用职业病防护设备和个人使用的职业病防护用品"。

（二）获得职业健康检查、职业病诊疗、康复等职业病防治服务的权利

《职业病防治法》规定："对从事接触职业病危害的作业的劳动者，用人单位应当按照国务院卫生行政部门的规定组织上岗前、在岗期间和离岗时的职业健康检查，并将检查结果书面告知劳动者。职业健康检查费用由

用人单位承担。用人单位不得安排未经上岗前职业健康检查的劳动者从事接触职业病危害的作业；不得安排有职业禁忌的劳动者从事其所禁忌的作业；对在职业健康检查中发现有与所从事的职业相关的健康损害的劳动者，应当调离原工作岗位，并妥善安置；对未进行离岗前职业健康检查的劳动者不得解除或者终止与其订立的劳动合同。职业健康检查应当由取得《医疗机构执业许可证》的医疗卫生机构承担。卫生行政部门应当加强对职业健康检查工作的规范管理，具体管理办法由国务院卫生行政部门制定。"

1. 职业健康检查权利包括以下内容

（1）从事接触职业危害的劳动者，有权要求用人单位按照《职业健康监护管理办法》的规定组织上岗前、在岗期间和离岗时的职业健康检查，并获得检查结果。

（2）职业健康检查费用由用人单位承担，检查所占时间视同出勤。

（3）未经上岗前健康检查的劳动者有权拒绝从事接触职业危害的作业；有职业禁忌的劳动者有权拒绝从事所禁忌的作业；未成年工有权拒绝从事接触职业危害的作业；孕期、哺乳期的女职工有权拒绝从事对本人和胎儿、婴儿有害的作业；女职工有权拒绝从事《女职工劳动保护特别规定》规定的女职工禁忌的作业。

（4）对在职业健康检查中发现有与所从事的职业相关的健康损害劳动者，有权要求调离原工作岗位，并获得妥善安置。

（5）对未进行离岗前职业健康检查的劳动者不得解除或者终止与其订立的劳动合同。

（6）对遭受或者可能遭受急性职业危害的劳动者，有权要求用人单位及时组织救治、进行健康检查，并承担费用。

（7）用人单位应当为劳动者建立职业健康监护档案，并按照规定的期限妥善保存。职业健康监护档案应当包括劳动者的职业史、职业病危害接触史、职业健康检查结果和职业病诊疗等有关个人健康资料。劳动者离开用人单位时有权索取本人职业健康监护档案复印件，用人单位应当如实、无偿提供，并在所提供的复印件上签章。

2.职业病诊疗、康复等职业病防治服务的权利包括以下内容

（1）劳动者有权在用人单位所在地、本人户籍所在地或者经常居住地依法承担职业病诊断的医疗卫生机构进行职业病诊断。

（2）当事人对职业病诊断有异议的，在接到职业病诊断证明书之日起30日内，有权向作出诊断的职业病诊断机构所在地设区的市级卫生健康主管部门申请鉴定。鉴定时劳动者有权从专家库中以随机抽取的方式确定鉴定专家，有权要求与用人单位存在利害关系的专家回避其职业病诊断鉴定。

（3）职业病诊断、鉴定需要用人单位提供有关职业卫生和健康监护等资料时，有权要求用人单位如实提供。

（4）劳动者有权要求用人单位及时安排对疑似职业病病人进行诊断；在诊断或者医学观察期间，有权拒绝解除或者终止劳动合同。疑似职业病病人在诊断、医学观察期间的费用有权要求用人单位承担。

（5）职业病病人有权按国家规定享受国家规定的职业病待遇。有权要求用人单位按照国家有关规定，安排其进行职业病治疗、康复和定期检查。对不适宜继续从事原工作的职业病病人，有权要求调离原岗位，并得到妥善安置。从事接触职业危害的劳动者有权要求用人单位给予适当岗位津贴。

（6）职业病病人有按照国家规定享受工伤社会保险的权利；职业病病人依法享有工伤社会保险。用人单位没有依法参加工伤社会保险的，职业病病人的医疗和生活保障由最后的用人单位承担。

（7）职业病病人变动工作单位时，有权要求其原有的职业病待遇不变。用人单位发生分立、合并、解散、破产等情形的，接触职业危害的劳动者有权要求进行健康检查，并由用人单位支付费用。

（8）职业病病人除依法享有工伤社会保险外，还依法享有民事赔偿的权利。

（三）了解工作场所产生或者可能产生的职业病危害因素、危害后果和应当采取的职业病防护措施的权利

《职业病防治法》规定，用人单位与劳动者订立劳动合同时，应当将

工作过程中可能产生的职业病危害及其后果、职业病防护措施和待遇等如实告知劳动者，并在劳动合同中写明，不得隐瞒或者欺骗。劳动者在已订立劳动合同期间因工作岗位或者工作内容变更，从事与所订立劳动合同中未告知的存在职业病危害的作业时，用人单位应当依照前款规定，向劳动者履行如实告知的义务，并协商变更原劳动合同相关条款。

1.劳动者在建立劳动关系、订立劳动合同时，有权了解工作过程中可能产生的职业危害及其后果、职业病防护措施和待遇，有权要求在劳动合同中写明。

2.劳动者在已订立劳动合同期间因工作岗位或者工作内容变更，从事与所订立劳动合同中未告知的存在职业危害作业时，有权要求用人单位履行告知义务，并协商变更劳动合同的相关条款。

3.用人单位违法侵犯劳动者的知情权，劳动者有权解除、终止或者拒绝解除、终止劳动合同。

4.劳动者有权要求产生职业危害的用人单位，在醒目位置设置公告栏，公布有关职业病防治的规章制度、操作规程、职业危害事故应急救援措施和工作场所职业危害因素检测结果。

5.劳动者有权要求用人单位对产生严重职业危害的作业岗位，在醒目位置，设置警示标志和中文警示说明。

（四）要求用人单位提供符合防治职业病要求的职业病防护设施和个人使用的职业病防护用品，改善工作条件的权利

《职业病防治法》规定，劳动者有权要求用人单位为其提供符合国家职业卫生标准的职业病防护设施和个人职业病防护用品，改善工作条件。具体包括以下内容：

1.有权要求工作场所职业危害因素的强度或者浓度符合国家职业卫生标准；

2.有权要求用人单位配备与职业危害防护相适应的设施；

3.有权要求工作场所布局合理，符合有害与无害作业分开的原则；

4.有权要求用人单位设置配套的更衣间、洗浴间、孕妇休息间等卫生设施；

5.有权要求工作场所设备、工具、用具等设施符合保护劳动者生理、心理健康的要求;

6.有权要求用人单位为劳动者提供符合职业病防治要求的个人职业病防护用品,不符合要求的,有权拒绝使用;

7.有权要求用人单位满足法律、行政法规和国务院卫生行政部门关于保护劳动者的其他要求。

(五) 对违反职业病防治法律、法规以及危及生命健康的行为提出批评、检举和控告的权利

劳动者对用人单位违反职业病防治法律、法规以及危及生命健康的行为有权提出批评、检举和控告,用人单位不得因此而打击报复。赋予劳动者这一权利,有利于有关部门及时了解、掌握用人单位在职业病防治工作中存在的问题,采取措施,纠正和查处用人单位违反职业病防治法律、法规以及危及生命健康的行为,保障劳动者的身体健康。

(六) 拒绝违章指挥和强令进行没有职业病防护措施作业的权利

拒绝作业权,这是一项有限制的权利。劳动者只有在用人单位及其管理人员违章指挥和强令进行没有职业病防护措施的作业时,才有权使用。用人单位应当保障劳动者行使权利,不得因劳动者依法行使正当权利而降低其工资、福利等待遇或者解除、终止与其订立的劳动合同。劳动者要实现自己在职业卫生保护方面的权利应当注意以正当的方式 (合法的方式) 行使权利,行使权利时,不得损害第三人的合法利益和社会公共利益。

(七) 参与用人单位职业卫生工作的民主管理,对职业病防治工作提出意见和建议的权利

劳动者要实现自己在职业卫生保护方面的权利应当注意以下几个问题:一是劳动者所行使的职业卫生保护权利必须是国家法律、法规规定的;二是要以合法的方式行使权利;三是在行使权利时,不得损害第三人的合法利益和社会公共利益。

用人单位应当保障劳动者行使上述权利。因劳动者依法行使正当权利而降低其工资、福利等待遇或者解除、终止与其订立的劳动合同的,其行

为无效。

二、劳动者在职业卫生方面的义务

劳动者在职业卫生方面的义务主要如下。

(一) 劳动者应当严格遵守职业病防治法律、法规、规章制度和操作规程

改革开放以来，我国先后制定了一系列有关职业病防治方面的法律、法规、规章，如《中华人民共和国劳动法》《中华人民共和国工会法》《中华人民共和国矿山安全法》《中华人民共和国煤炭法》《中华人民共和国职业病防治法》《中华人民共和国尘肺病防治条例》《工作场所职业卫生监督管理规定》《放射性同位素与射线装置放射防护条例》《职业健康监护管理办法》《职业病诊断与鉴定管理办法》等。各单位根据这些法律、法规、规章，结合本单位的实际情况，制定了更具可操作性的规章制度和操作规程，这是职业病防治工作的基本制度保障，劳动者应当严格遵守。

(二) 劳动者应当接受职业卫生教育和培训

《职业病防治法》规定，"劳动者应当学习和掌握相关的职业卫生知识，增强职业病防范意识，遵守职业病防治法律、法规、规章和操作规程，正确使用、维护职业病防护设备和个人使用的职业病防护用品，发现职业病危害事故隐患应当及时报告"。搞好劳动保护，防止职业病的发生，劳动者必须具备相应的职业卫生知识、技能以及应急处理能力。用人单位应当加强对劳动者进行职业卫生教育和培训，作为劳动者应当自觉接受职业卫生教育和培训，认真学习和掌握相关的职业卫生知识，提高职业卫生操作技能和应急处理能力。

(三) 劳动者应当正确使用、维护职业病防护设备和个人使用的职业病防护用品

职业病防护设备和个人使用的职业病防护用品是保护劳动者在劳动过程中的健康、防止职业病发生的防护装置，是做好职业卫生工作所采取的

必不可少的辅助措施。用人单位应当为劳动者提供符合国家标准或者行业标准的职业病防护设备和个人使用的职业病防护用品，而劳动者则必须按照规则和要求正确使用、维护职业病防护设备和个人使用的职业病防护用品，充分发挥其功能，真正发挥其职业病防护的作用。

根据规定，从业人员在作业过程中，必须按照安全生产规章制度和劳动防护用品使用规则，正确佩戴和使用劳动防护用品；未按规定佩戴和使用劳动防护用品的，不得上岗作业。

（四）劳动者发现职业病危害事故隐患应当及时报告

劳动者发现职业病危害事故隐患，应当立即向现场管理人员或者本单位有关负责人报告，不得隐瞒不报或者拖延报告。对劳动者及时报告义务的规定，对用人单位迅速采取防范措施，及时消除职业病危害事故隐患，防止职业病危害事故发生，保障劳动者身体健康有着非常重要的意义。

思考题

1. 劳动者在安全生产方面的权利有哪些？
2. 劳动者在安全生产方面的义务有哪些？
3. 劳动者在职业卫生方面的权利有哪些？
4. 劳动者在职业卫生方面的义务有哪些？
5. 劳动者应当如何正确行使劳动安全卫生方面的权利和严格履行劳动安全卫生方面的义务？

案例 1

员工有权拒绝强令冒险作业吗？

案情：某船舶运输公司的起重浮吊船正在一码头进行吊装作业，操作人员刘某发现需吊装的钢结构超重，于是立即向经理郭某汇报。郭某在明知浮吊船勉强起吊会有危险的情况下，仍命令刘某进行吊装作业。刘某知道超限额起吊可能会发生事故，遂拒绝郭某的指令。郭某威胁刘某，如不执行作业命令，就将其辞退。

问题：刘某有权拒绝强令冒险作业吗?

评析：强令冒险作业是指生产经营单位有关管理人员明知开始或者继续作业会有重大危险的情况下，仍然强迫从业人员进行作业的行为。生产经营单位强令冒险作业，违背了"安全第一"的方针，侵犯了从业人员的合法权益，是严重的违法行为。从业人员是劳动者，劳动者在劳动过程中的劳动权仍属于自己，仍由劳动者自己支配。当劳动安全卫生权利受到侵害时，劳动者可以不服从指挥和命令。从业人员拒绝强令冒险作业，能有效防止生产安全事故发生，维护了正常的生产秩序，同时也保护了自身的安全。我国《安全生产法》也赋予了从业人员拒绝的权利，刘某作为操作人员，享有和行使此项权利是严格遵守法律的表现，同时刘某拒绝强令冒险作业的行为，不构成违反劳动合同的行为，用人单位不能以此理由解除劳动合同。

案例 2

员工有接受安全生产教育和培训义务吗?

案情：某市一楼盘的建筑施工单位新招收了 20 多名农民工，其中大部分人是初次进入建筑工地作业，普遍安全意识差。施工单位拟对新招农民工进行安全生产教育和培训。张某是新招农民工的一员，他认为自己有多年工作经历，拒不参加单位组织的培训。施工单位负责人对张某提出严肃批评，张某认为小题大做。

问题：张某有接受安全生产教育和培训的义务吗?

评析：安全生产教育和培训的内容包括：安全生产法律法规、本单位安全生产规章制度和安全操作规程；本单位安全生产形势、厂区布局及特殊危险场所的位置、有毒有害因素及必须遵守的安全事项；劳动防护用品的性能及正确使用方法；通用安全技术知识；事故预防和应急处理知识等。这是现代社会从业人员所应当具备的基本素质。其目的是使从业人员掌握安全生产知识，提高安全生产技能，增强事故预防及应急处理能力，自觉地贯彻执行"安全第一、预防为主、综合治理"的方针和安全生产法律法规，遵守安全生产规章制度和操作规程。从从业人员的角度看，如果其不接受教育和培训，则也很难取得好的效果。鉴于此，我国《安全生产法》明确规定："从业人员应当接受安全生产教育和培训，掌握本职工作所需的安全生产知识，提高安全生产技能，增强事故预防和应急处理能力。"从业人员应接受安全生产教育和培训，这是从业人员的一项法定义务。本案中，张某作为建筑施工单位的作业人员，从事的是高危职业，建筑施工的复杂性和多样性要求施工人员必须具备较完备的安全生产知识和安全生产技能。所以张某必须接受培训，不能拒绝该法定义务。

第八章　工会劳动保护工作概述

第一节　工会劳动保护的概念

一、工会劳动保护的概念

工会劳动保护是指工会依据国家法律法规赋予的职权，监督用人单位和有关部门贯彻国家有关劳动安全卫生的法律法规，发动职工群众参与劳动安全卫生工作，督促用人单位不断改善劳动安全卫生条件，保障职工在生产劳动过程中的生命安全和身体健康。工会劳动保护是工会的一项非常重要的工作，是工会维护职工合法权益的主要内容和重要体现，是工会服从服务于党和国家大局、促进经济社会高质量发展的基本要求。

二、工会做好劳动保护工作的重要性和必要性

工会的基本职责是维护职工合法权益、竭诚服务职工群众。保护劳动者的安全和健康是工会组织的重要责任，是工会维权的重要内容。工会劳动保护工作是我国整个劳动保护工作的重要组成部分，是我国现行劳动保护管理体制的重要环节。加强工会劳动保护工作的重要性和必要性主要体现在以下 3 个方面。

(一) 做好劳动保护工作是我国工会的性质和职责决定的

工会作为职工合法权益的代表者和维护者，要切实履行维权服务的基本职责，在维护全国人民总体利益的同时，维护好职工的合法权益。而维护职工的合法权益，首先要保证职工的生命安全和身体健康，这是最起码的，也是职工最基本的权利。生命权是人的最高权利，若职工的生命权都得不到保障，其他权利也就无从谈起。所以，各级工会必须把确保职工生命安全和身体健康放在维权工作的首位，高度重视工会劳动保护工作。要增强做好劳动保护工作的紧迫感和责任感，克服工会劳动保护工作"不重

要""可有可无"等错误认识，积极行动起来，切实做好工会劳动保护工作。

（二）做好劳动保护工作是党和国家赋予工会的职责和权利

工会劳动保护工作是我国劳动保护工作的重要组成部分，党和国家历来十分重视工会在劳动保护工作中的重要作用，并在一系列政策和法律、法规中对工会的职责和权利作出了明确规定，为工会开展劳动保护工作提供了明确的法律依据。如《安全生产法》规定："工会依法对安全生产工作进行监督。生产经营单位的工会依法组织职工参加本单位安全生产工作的民主管理和民主监督，维护职工在安全生产方面的合法权益。生产经营单位制定或者修改有关安全生产的规章制度，应当听取工会的意见。"所以，工会开展劳动保护工作，是党和政府对工会的重托，是依法治国的必然要求。

（三）做好劳动保护工作是广大职工群众对工会的要求

劳动安全卫生保护是劳动者的基本权利，也是广大职工群众关注的重点、热点问题。广大职工群众迫切要求工会在劳动保护方面发挥作用，同漠视职工生命和健康的行为作斗争，切实保障广大职工的生命安全和身体健康。

第二节　工会劳动保护的主要法律依据

我国有关法律、法规对工会劳动保护工作作了一系列规定，为工会劳动保护工作提供了明确的法律依据。这些规定主要包括如下。

一、《劳动法》的有关规定

《劳动法》第88条第1款明确规定："各级工会依法维护劳动者的合法权益，对用人单位遵守劳动法律、法规的情况进行监督。"

二、《工会法》的有关规定

《工会法》第 23 条规定："企业、事业单位、社会组织违反劳动法律法规规定，有下列侵犯职工劳动权益情形，工会应当代表职工与企业、事业单位、社会组织交涉，要求企业、事业单位、社会组织采取措施予以改正；企业、事业单位、社会组织应当予以研究处理，并向工会作出答复；企业、事业单位、社会组织拒不改正的，工会可以提请当地人民政府依法作出处理：（一）克扣、拖欠职工工资的；（二）不提供劳动安全卫生条件的；（三）随意延长劳动时间的；（四）侵犯女职工和未成年工特殊权益的；（五）其他严重侵犯职工劳动权益的。"

《工会法》第 24 条规定："工会依照国家规定对新建、扩建企业和技术改造工程中的劳动条件和安全卫生设施与主体工程同时设计、同时施工、同时投产使用进行监督。对工会提出的意见，企业或者主管部门应当认真处理，并将处理结果书面通知工会。"

《工会法》第 25 条规定："工会发现企业违章指挥、强令工人冒险作业，或者生产过程中发现明显重大事故隐患和职业危害，有权提出解决的建议，企业应当及时研究答复；发现危及职工生命安全的情况时，工会有权向企业建议组织职工撤离危险现场，企业必须及时作出处理决定。"

《工会法》第 27 条规定："职工因工伤亡事故和其他严重危害职工健康问题的调查处理，必须有工会参加。工会应当向有关部门提出处理意见，并有权要求追究直接负责的主管人员和有关责任人员的责任。对工会提出的意见，应当及时研究，给予答复。"

《工会法》第 31 条规定："工会协助用人单位办好职工集体福利事业，做好工资、劳动安全卫生和社会保险工作。"

《工会法》第 34 条规定："国家机关在组织起草或者修改直接涉及职工切身利益的法律、法规、规章时，应当听取工会意见。县级以上各级人民政府制定国民经济和社会发展计划，对涉及职工利益的重大问题，应当听取同级工会的意见。县级以上各级人民政府及其有关部门研究制定劳动就业、工资、劳动安全卫生、社会保险等涉及职工切身利益的政策、措施时，应当吸收同级工会参加研究，听取工会意见。"

《工会法》第 39 条规定："企业、事业单位、社会组织研究经营管理和发展的重大问题应当听取工会的意见；召开会议讨论有关工资、福利、劳动安全卫生、工作时间、休息休假、女职工保护和社会保险等涉及职工切身利益的问题，必须有工会代表参加。企业、事业单位、社会组织应当支持工会依法开展工作，工会应当支持企业、事业单位、社会组织依法行使经营管理权。"

《工会法》第 54 条规定："违反本法规定，有下列情形之一的，由县级以上人民政府责令改正，依法处理：（一）妨碍工会组织职工通过职工代表大会和其他形式依法行使民主权利的；（二）非法撤销、合并工会组织的；（三）妨碍工会参加职工因工伤亡事故以及其他侵犯职工合法权益问题的调查处理的；（四）无正当理由拒绝进行平等协商的。"

三、《安全生产法》的有关规定

《安全生产法》第 7 条规定："工会依法对安全生产工作进行监督。生产经营单位的工会依法组织职工参加本单位安全生产工作的民主管理和民主监督，维护职工在安全生产方面的合法权益。生产经营单位制定或者修改有关安全生产的规章制度，应当听取工会的意见。"

《安全生产法》第 60 条规定："工会有权对建设项目的安全设施与主体工程同时设计、同时施工、同时投入生产和使用进行监督，提出意见。工会对生产经营单位违反安全生产法律、法规，侵犯从业人员合法权益的行为，有权要求纠正；发现生产经营单位违章指挥、强令冒险作业或者发现事故隐患时，有权提出解决的建议，生产经营单位应当及时研究答复；发现危及从业人员生命安全的情况时，有权向生产经营单位建议组织从业人员撤离危险场所，生产经营单位必须立即作出处理。工会有权依法参加事故调查，向有关部门提出处理意见，并要求追究有关人员的责任。"

四、《职业病防治法》的有关规定

《职业病防治法》第 4 条第 3 款规定："工会组织依法对职业病防治工

作进行监督，维护劳动者的合法权益。用人单位制定或者修改有关职业病防治的规章制度，应当听取工会组织的意见。"

《职业病防治法》第40条规定："工会组织应当督促并协助用人单位开展职业卫生宣传教育和培训，有权对用人单位的职业病防治工作提出意见和建议，依法代表劳动者与用人单位签订劳动安全卫生专项集体合同，与用人单位就劳动者反映的有关职业病防治的问题进行协调并督促解决。工会组织对用人单位违反职业病防治法律、法规，侵犯劳动者合法权益的行为，有权要求纠正；产生严重职业病危害时，有权要求采取防护措施，或者向政府有关部门建议采取强制性措施；发生职业病危害事故时，有权参与事故调查处理；发现危及劳动者生命健康的情形时，有权向用人单位建议组织劳动者撤离危险现场，用人单位应当立即作出处理。"

五、《矿山安全法》的有关规定

《矿山安全法》第21条规定："矿长应当定期向职工代表大会或者职工大会报告安全生产工作，发挥职工代表大会的监督作用。"

《矿山安全法》第23条规定："矿山企业工会依法维护职工生产安全的合法权益，组织职工对矿山安全工作进行监督。"

《矿山安全法》第24条规定："矿山企业违反有关安全的法律、法规，工会有权要求企业行政方面或者有关部门认真处理。矿山企业召开讨论有关安全生产的会议，应当有工会代表参加，工会有权提出意见和建议。"

《矿山安全法》第25条规定："矿山企业工会发现企业行政方面违章指挥、强令工人冒险作业或者生产过程中发现明显重大事故隐患和职业危害，有权提出解决的建议；发现危及职工生命安全的情况时，有权向矿山企业行政方面建议组织职工撤离危险现场，矿山企业行政方面必须及时作出处理决定。"

《矿山安全法》第37条规定："发生一般矿山事故，由矿山企业负责调查和处理。发生重大矿山事故，由政府及其有关部门、工会和矿山企业按照行政法规的规定进行调查和处理。"

六、《矿山安全法实施条例》的有关规定

《矿山安全法实施条例》第34条规定："矿山企业工会有权督促企业行政方面加强职工的安全教育、培训工作，开展安全宣传活动，提高职工的安全生产意识和技术素质。"

七、《生产安全事故报告和调查处理条例》的有关规定

《生产安全事故报告和调查处理条例》第6条规定："工会依法参加事故调查处理，有权向有关部门提出处理意见。"第22条第2款规定："根据事故的具体情况，事故调查组由有关人民政府、安全生产监督管理部门、负有安全生产监督管理职责的有关部门、监察机关、公安机关以及工会派人组成，并应当邀请人民检察院派人参加。"

八、工会劳动保护"三个《条例》"

为履行工会劳动保护群众监督检查的职责，维护职工在劳动过程中的安全健康，1985年全国总工会颁发了《工会劳动保护监督检查员工作条例》《基层工会劳动保护监督检查委员会工作条例》《工会小组劳动保护检查员工作条例》（以下简称"三个《条例》"）。根据国家有关法律、法规和安全生产形势发展的要求，1997年和2001年，全国总工会先后对"三个《条例》"进行了两次修改。"三个《条例》"是突出工会维护职能，落实"安全第一、预防为主、综合治理"的方针，团结和发动广大职工搞好群众性劳动保护监督检查工作的规范性、指导性文件，也是各级工会开展劳动保护工作的具体依据。

第三节　正确认识做好工会劳动保护工作的重要性

加强职工劳动保护工作，是各级工会组织履行职责、维护职工合法权益的基本要求，是工会组织发挥其作用的基本途径，也是党和国家赋予工会的重要职责，它关系到国家根本利益，也关系到职工群众的切身利益。

工会做好劳动保护工作是当前企业生产经营中的一项不可缺少的重要工作，是确保企业安全生产工作的一种重要力量，还是企业经济工作的根本保证。

企业劳动保护工作是直接关系到劳动者安全与健康、涉及劳动者切身利益、代表企业管理理念的基础性工作，直接反映了企业的劳动关系状况，影响着企业的稳定和发展。企业工会组织要充分认识劳动保护工作在和谐企业建设中的基础作用，加强监督检查，维护职工合法权益，促进和谐企业建设。

一、加强劳动保护是建设和谐企业的重要组成部分

和谐企业应该是企业的各个部分、各种要素处于一种相互协调的状态，一种良性运行、协调发展的状态。在这样的企业中，有企业与社会的和谐，企业与企业的和谐，企业与自然的和谐，企业与资源的和谐，基础的和谐应该是人的和谐。企业中职工心情舒畅，就会迸发出无穷的力量，就会极大地促进企业的高质量发展。党的十六届六中全会提出的构建社会主义和谐社会应遵循的原则就是"必须坚持以人为本"。以人为本是和谐社会的本质，以人为本，谋求企业与职工的共同发展，是和谐企业建设的关键。企业人力资源管理中把人看成企业中最宝贵、可增值的资本。这种企业管理思维强调调动和提升职工的人格要素，最终实现职工与企业之间的良性循环。

做好劳动保护工作是构建和谐企业的重要组成部分。劳动保护是针对

职工作业中的安全与健康所采取的综合性措施，无论是安全卫生、工作时间和休息休假，还是女工的特殊保护，每项措施都涉及职工的切身利益，都体现出企业对职工的关心关爱，体现出企业的经营理念。劳动保护措施的有效实施，心理的作用远大于物质的作用。心理学家指出，"人的心理因素是人从事生产活动、提高生产活动、提高生产效率极重要的一个诱因，人并非时时处处都追求利益最大化"。作为企业的职工，并不简单的只是为了得到劳动保护，而是通过这些劳动保护措施的有效实施，感受到企业的关心关爱，感受到自己受到了企业的重视，感受到自己在企业中的作用，从而更加积极地工作。因此，企业劳动保护工作既要服务于企业的经济建设，又要保证企业员工在生产中的人身安全与健康，应从法律知识、企业管理、教育培训等方面采取有力的综合措施，以劳动保护工作为核心，把握住工会劳动保护监督检查工作的主动权。

二、做好劳动保护是企业的法律责任

对劳动者在生产作业中的安全与健康提供有效的保护，这是法律赋予企业的责任。我国各种法律法规中对劳动保护都有明确的规定，国家通过各种途径，创造劳动就业条件，加强劳动保护，改善劳动条件。企业必须贯彻安全生产制度，改善劳动条件，做好劳动保护、环境保护工作，做到安全生产和文明生产。企业必须保护职工的合法权益，加强劳动保护，实现安全生产。《劳动法》更是对劳动安全与卫生、工作时间、休息休假、女工和未成年工特殊保护等涉及劳动保护的内容作了极其详细的规定。中华人民共和国境内的企业，都受其调整、受其约束，都必须按照其规定向与其形成劳动关系的劳动者提供有效的劳动保护。与这些企业形成劳动关系的劳动者，都依法享有劳动保护的权利。

三、工会劳动保护工作有利于充分发挥群众性安全生产的作用

广大职工是生产经营活动的直接承担者，也是生产经营活动中各种危险的直接面对者。而且广大职工处在生产工作第一线，对单位生产经营管

理活动和存在的安全隐患、职业病危害最了解，对本单位的安全生产工作有着切身的感受和体会，能够提出一些合理化的、切中要害的建议，促进单位的安全生产工作，所以，广大职工是安全生产的主力军。工会作为职工合法权益的代表者和维护者，代表职工积极参与安全生产工作，依照"预防为主、群防群治、群专结合、依法监督"的原则，开展调查研究、安全检查、排查隐患、"三同时"审查验收等工作，进行群众性劳动保护监督检查，协助单位查找安全生产工作中存在的问题和缺陷，并督促单位及时解决和弥补，促进用人单位不断改进劳动条件和环境，从而达到防范生产安全事故发生、防治职业病危害、保护职工生命安全和身体健康的目的。

四、工会劳动保护工作有利于提高广大职工的安全意识和安全技能

工会通过监督用人单位对职工进行正规的上岗安全培训、履行法定的危险因素、职业病危害以及防范措施的告知义务，开展各种形式的劳动安全卫生教育，进行防护技能训练，帮助职工了解国家有关劳动安全卫生的法律法规和本单位的安全生产规章制度，了解自己在劳动安全卫生方面的权利和义务，熟练掌握安全生产的操作技能，强化职工安全生产责任感和自我保护的意识，提高劳动安全卫生素质。

五、工会劳动保护工作有利于促进经济社会发展

发展不能以牺牲人的生命为代价，任何以牺牲人的生命和健康为代价的所谓"发展"，都是不健康、不道德、不和谐的，也都不是真正的发展。工会做好劳动保护工作，可以增强劳动者的安全感和对企业、对社会的认同感，更有力地调动广大劳动者的工作积极性，提高劳动生产率，保证企业生产经营活动的正常进行，增强企业在市场上的竞争能力，获得更好的经济效益，推动企业和经济社会高质量发展。

六、工会劳动保护是工会维权的重要内容

加强劳动保护，搞好安全生产、保护职工的生命安全和身体健康，是党和国家的一项基本原则。同时，也是工会的一项重要任务。工会的基本责任是维护职工合法权益、竭诚服务职工群众，而职工群众的生命安全和身体健康是最基本的权利，是职工群众最关心、最直接、最现实的利益，是工会维权的重点。所以，工会要利用自身的特点与优势，广泛开展好群众性劳动保护监督检查活动，做好劳动保护工作，积极发挥群众监督作用，认真履行好职责，充分发挥工会在安全生产中的重要作用。

思考题

1.什么是工会劳动保护？

2.工会劳动保护有哪些法律依据？

3.《工会法》关于工会劳动保护有哪些规定？

4.《安全生产法》对工会在安全生产中的职责是怎样规定的？

5.简述工会劳动保护的重要意义。

案例1

福建上杭县总工会：筑牢安全生产"防护墙"，提升职工劳动保护水平

2022 年 8 月 16 日　来源：中工网

今年以来，福建省上杭县总工会充分发挥工会劳动保护监督检查作用，通过"四强化""四提升"，切实保障职工劳动安全权益。

强化安全教育培训，提升职工安全技能水平。依托县总工会职工培训学校，开展线上、线下相结合的安全生产技能培训，把隐患点较多、职业病危害因素较重的岗位职工作为重点培训对象，针对不同岗位、不同工种职工，科学设置培训内容，着力提高职工安全意识和操作技能，筑牢安全生产"防护墙"，杜绝重特大事故的发生。今年举办焊工安全、电工安全、应急管理等安全技能培训 40 余场，1000 余名职工、农民工参加。

强化"安康杯"竞赛活动，提升职工劳动保护意识。县总工会开展"安康杯"竞赛活动，以非公有制企业为主体，以高危行业为重点，截至目前，已有30家企业15000余人参加。各企业工会根据本单位实际情况，组织职工认真学习安全生产法律法规，学习岗位安全知识，遵守安全操作规程，开展"查隐患、纠违章、保安全"竞赛、"安全隐患随手拍"、职工网上安康课堂等活动，充分调动职工群众参与的积极性。

强化安全生产知识宣传力度，提升职工安全防范底线。多渠道宣传安全生产、防暑降温法规政策，普及高温防护、中暑急救等知识，进园区、进企业、进基层开展强化工会劳动保护监督工作，发放《安全生产法》、劳动法律监督提示函、防暑降温工作提示函等相关宣传材料2000余份。协调有关部门做好职工的安全健康卫生知识，引导职工群众学习安全知识、强化安全意识，推动企业和职工增强安全意识和建设安全文化。

强化"送清凉"慰问活动，提升职工健康保障。县总工会赴全县重点工程、重点行业、重点企业、各高速路口交通检疫点开展"夏送清凉"慰问活动，共走访慰问高温一线职工1000余人，发放防暑降温用品共计16万余元。组织工作人员赴工业园区10余家企业车间查看劳动保护设施、职业病防治的规章制度，详细询问职工安全生产情况，督促企业落实防暑降温措施。各基层工会筹集资金150万元，慰问职工近万人。（杭工文）

📖 案例2

高邮镇筑牢劳动保护"防护墙"

2021年1月22日　来源：中工网

安全是企业的生命线。安全生产的稳定与否，不仅关系到企业的前途，还关系到每名职工的生命健康和家庭幸福。近年来，高邮镇总工会认真执行"安全第一、预防为主"的安全生产方针，紧紧围绕职工劳动安全和职业健康权益维护的关键问题，不断搭建平台、创新方式，积极调动广大职工群众防范和查找安全隐患的主动性和自觉性，为我镇职工健康安全监管工作可持续发展作出了贡献。

一、推进措施

本着对广大职工生命安全和健康负责的态度，充分发挥工会群众参与、群众监督作用履行在安全生产中的监督责任。年初，镇总工会积极组织片区劳动保护监督检查员主动深入企业、车间和班组，协助企业落实好安全措施，消除生产现场和生产过程存在的各类隐患。5月份在全镇范围内开展了"安康杯"竞赛、"安全隐患随手拍""安全生产金点子"活动，同时签订安全卫生合同60家，在实际中保障职工们的生产安全。另外，在炎炎夏日大力开展"夏日送清凉"活动，为户外劳动者送去一丝凉爽。10月份，镇总工会在原塑电厂疏导点集中设立了高邮市首家服装行业工会劳动保护监督检查员片区服务站，有针对性地把我镇服装行业作为做好工会劳动保护、权益维护工作的落脚点和着力点，维护职工安康权益常态化工作的同时，有效保证了广大职工在生产过程中的安全和健康。

以开展"工人先锋号"、安全班组创建活动为载体，在辖区内广泛开展了"提素质、促安全""安全型"班组创建活动，提升企业基层班组安全生产管理能力，帮助企业通过安全班组创建活动，将企业职业危害防护工作始终贯穿于班组日常基础工作中。在抓好规章制度落实的同时，镇总工会更注重企业班组长安全生产教育。班组长管理水平的高低直接关系到安全管理工作的顺利实施。为了使培训工作具有针对性和实效性，高邮镇总工会多次邀请义工教授和专家来授课，通过教育培训等手段，加强了班组的安全生产意识，提高了安全生产管理和操作水平，真正把安全目标任务、安全规范操作措施推进落实到位，使"安全型"班组创建活动真正成为企业安全生产工作可持续发展的助推器。

二、显著成效

近年来，高邮镇总工会积极作为，不断提升工会劳动保护工作水平的同时，认真履行职责，充分发挥职工主体作用，加强源头参与，构筑依法维护职工劳动安全与健康权益的坚固屏障，逐步构建有利于职工广泛参与和监督的长效机制，持续深化"安康杯"竞赛活动，扎实开展群众性劳动安全卫生活动，打造群众性安全生产监督网络，引导职工"要安全"，带动职工"管安全"，实现全员"会安全"，为企业安全生产和维护职工生命权益构筑起一条安全防线。

三、开展劳动保护的意义

开展劳动保护工作，是工会协助行政对职工进行安全教育，维护职工安全健康权益，促进企业发展的一种有效的方法与手段，它对于提高全员的安全意识、责任意识、技术水平有着潜移默化的作用。劳动保护工作已经成为企业良性发展、稳定队伍、提升核心竞争力的重要方面。安全生产是维护职工的生命健康权。只要有生产，只要有人员工作，劳动保护就要与之形影不离。金无足赤，人无完人。处在生产一线的职工、技术人员，由于个体技术和业务上存在相对的不足和缺憾，成为开展劳动保护工作中需要值得重点关注和提醒的方面。同时，人员之间安全意识的强与弱、技术力量的高与低，不仅反映个人工作能力的差别，也对企业安全生产构成一定的影响。(高邮市总工会微信公众号)

第九章　工会劳动保护组织建设

第一节　工会劳动保护职能机构

工会劳动保护职能机构是工会具体负责劳动保护工作的职能部门，是工会劳动保护工作的具体承担者。各级工会设立劳动保护部门，配备相应的劳动保护干部，是保证工会劳动保护监督检查职责落到实处的重要前提。

一、工会劳动保护职能机构体系

我国工会劳动保护职能机构体系由国家、地方、产业和企事业单位组成。国家一级，在中华全国总工会设立劳动保护机构，负责全国工会系统的劳动保护工作；地方一级，在省、市总工会设立劳动保护机构，县级总工会设专人，负责本行政区域内工会系统劳动保护工作；在产业工会，设立劳动保护机构，负责相关产业工会系统劳动保护工作；企事业单位一级，在大型企事业单位工会一般设有劳动保护机构，中小型企事业单位设专人，负责本单位工会劳动保护工作。

二、工会劳动保护职能机构的主要职责

（一）参与劳动安全卫生法律、法规、标准和重大决策、措施的制定，监督劳动安全卫生法律、法规和政策的贯彻落实。

（二）监督检查本地区、本行业和企事业单位的劳动安全卫生工作，对劳动安全卫生现状进行分析，对危害职工劳动安全卫生健康的问题进行调查，向政府有关部门、企事业单位反映需要解决的问题，提出整改意见和建议。

（三）制止违章指挥和违章作业。在监督检查中，发现存在事故隐患、职业病危害和违反国家劳动安全卫生法律、法规的问题，要求企事业单位

进行整改，监督企事业单位采取防范事故和职业病危害的措施；发现重大事故隐患或严重的职业病危害，向企事业单位或当地有关部门发出书面整改建议，并督促解决；对拒不整改的，提请政府有关部门采取强制性措施。

（四）发现重大事故隐患和严重的职业病危害危及职工生命安全紧急情况，向企事业行政或现场指挥人员要求采取紧急避险措施，包括立即从危险区域内撤出作业人员，支持或组织职工采取必要的避险措施并立即报告。

（五）依法参加生产安全事故的调查处理，监督企事业单位采取防范措施，对造成伤亡事故和经济损失的责任者，提出处理意见和建议。

（六）参加新建、扩建和技术改造工程项目的劳动安全卫生设施的设计审查和竣工验收，对劳动条件和安全卫生设施存在的问题提出意见和建议。

（七）监督和协助企事业单位严格执行国家劳动安全卫生规程技术标准，建立健全劳动安全卫生制度，监督检查劳动安全卫生设施的运转情况，监督检查劳动安全卫生技术计划的执行及经费投入、使用情况。

（八）依法帮助、指导职工签订劳动合同，通过劳动合同明确劳动者在劳动安全卫生方面的权利和用人单位在劳动安全卫生方面的责任。

（九）与集体合同有关劳动保护条款的平等协商与签订工作，并对合同相关条款的执行情况进行监督检查。

（十）宣传国家劳动安全卫生法律、法规、政策及企事业单位的各项规章制度，组织职工开展形式多样的安全生产活动，教育职工遵章守纪，帮助职工提高安全生产意识和安全生产技术技能。

（十一）督促企事业单位按照国家有关规定发放劳动安全卫生防护用品、用具，监督企事业单位定期对职工进行职业性健康检查。监督企事业单位履行对职业病患者的诊断、治疗和康复的责任，督促落实工伤待遇及相关赔偿，督促和协助落实有关女职工和未成年工特殊劳动保护的有关规定。

第二节　工会劳动保护监督检查员

工会劳动保护监督检查员是全国总工会、地方总工会、产业工会开展劳动保护监督检查的骨干力量，在工会劳动保护工作中发挥着重要的作用。

一、工会劳动保护监督检查员的设立

（一）工会劳动保护监督检查员设立的范围

《工会劳动保护监督检查员工作条例》（以下简称《监督检查员条例》）规定："在县（含）以上总工会、产业工会中设立工会劳动保护监督检查员。可聘请有关方面熟悉劳动保护业务的人员担任兼职工会劳动保护监督检查员。"监督检查员在所隶属的总工会和产业工会的领导下开展监督检查工作，代表工会组织执行监督检查任务。

（二）工会劳动保护监督检查员的任职条件

劳动安全卫生工作政策性强，涉及各行各业各方面的专业知识，工作任务重，难度大。为了胜任工会劳动保护监督检查工作，《监督检查员条例》对工会劳动保护监督检查员的条件提出了较高的要求："工会劳动保护监督检查员应具有大专以上文化程度、具有一定的生产实践经验，并从事工会劳动保护工作一年以上，应有较高的政治、业务水平，熟悉和掌握有关劳动安全卫生法律法规和劳动保护业务；科级以上、从事五年以上劳动保护工作的工会干部也可以担任工会劳动保护监督检查员。工会劳动保护监督检查员任命前必须经过劳动保护岗位培训，考核合格。"

（三）工会劳动保护监督检查员的审批、任命和备案

按照《监督检查员条例》规定，中华全国总工会，省、自治区、直辖市总工会，全国产业工会，省辖市总工会对工会劳动保护监督检查员有审

批权。

省、自治区、直辖市总工会，全国产业工会和中华全国总工会有关部门的工会劳动保护监督检查员由中华全国总工会审批任命。

省辖市总工会、省产业工会的工会劳动保护监督检查员由省、自治区、直辖市总工会、全国产业工会审批任命，报中华全国总工会备案。

县级总工会的劳动保护监督检查员由省辖市总工会审批任命，报省、自治区、直辖市总工会备案。

工会劳动保护监督检查员任命前必须经过劳动保护岗位培训并考核合格。

工会劳动保护监督检查员证件由中华全国总工会统一印制。

二、工会劳动保护监督检查员的职权

根据《监督检查员条例》规定，工会劳动保护监督检查员代表工会组织行使下列职权。

（一）参与立法和决策。工会劳动保护监督检查员"参与劳动安全卫生法律法规、标准和重大决策、措施的制定，监督劳动安全卫生法律法规和政策的贯彻执行"。这是法律赋予工会的神圣使命。各级工会组织一定要高度重视劳动安全卫生立法参与和决策工作。

（二）调查研究。根据规定，工会劳动保护监督检查员"监督检查本地区、行业和企事业的劳动安全卫生工作，对劳动安全卫生状况进行分析，对危害职工劳动安全与健康的问题进行调查，向政府及有关部门、企事业单位反映需要解决的问题，提出整改治理的建议"。

（三）监督隐患整改。工会劳动保护监督检查员"在监督检查时，发现存在事故隐患、职业危害和违反国家劳动安全卫生法律法规的问题，有权要求企事业进行整改，监督企事业采取防范事故和职业危害的措施；发现存在严重事故隐患或职业危害的提请所隶属的工会组织向企事业单位发出书面整改建议，并督促企事业单位解决；对拒不整改的，提请政府有关部门采取强制性措施"。

（四）紧急避险建议权。工会劳动保护监督检查员"在生产过程中发现明显重大事故隐患和严重职业危害，并危及职工生命安全的紧急情况时，有权向企事业行政或现场指挥人员要求采取紧急措施，包括立即从危险区内撤出作业人员。同时支持或组织职工采取必要的避险措施并立即报告"。规定这项权利，是为了避免人员伤亡，保障劳动者的安全。

（五）参与事故调查处理。《工会法》规定："职工因工伤亡事故和其他严重危害职工健康问题的调查处理，必须有工会参加。"工会劳动保护监督检查员依法参加职工伤亡事故的调查和处理，监督企事业单位采取防范措施，对造成伤亡事故和经济损失的责任者，提出处理意见。对触犯刑律的责任者，建议追究其法律责任。在参加伤亡事故的调查处理时，要敢于坚持原则，实事求是，维护职工的合法权益。伤亡事故调查处理的原则是"四不放过"原则，即事故原因查不清不放过、事故责任者没有受到教育不放过、没有采取防范措施不放过、没有接受事故教训不放过。

（六）参加"三同时"审查验收。工会劳动保护监督检查员"参加新建、扩建和技术改造工程项目劳动安全卫生设施的设计审查和竣工验收，对劳动条件和安全卫生设施存在的问题提出意见和建议"。《工会法》第24条规定："工会依照国家规定对新建、扩建企业和技术改造工程中的劳动条件和安全卫生设施与主体工程同时设计、同时施工、同时投产使用进行监督。对工会提出的意见，企业或者主管部门应当认真处理，并将处理结果书面通知工会。"

（七）监督与协助企事业做好劳动安全卫生工作。工会劳动保护监督检查员要监督和协助企事业单位严格执行国家劳动安全卫生规程和标准，建立、健全劳动安全卫生制度；监督检查劳动安全卫生设施；监督检查技术措施计划的执行及经费投入、使用的情况；监督检查企事业单位的安全生产状况。

（八）支持基层工会劳动保护工作。工会劳动保护监督检查员要支持基层工会劳动保护监督检查委员会和工会小组劳动保护检查员开展工作，在劳动保护业务上给予指导。对基层工会劳动保护监督检查委员会和工会小组劳动保护检查员反映的问题和要求及时给予答复，并帮助解决，同时要将基层工会劳动保护情况向领导反映。

三、工会劳动保护监督检查员的义务

工会劳动保护监督检查员在享有一定职权的同时，也必须履行相应的义务。根据《监督检查员条例》规定，工会劳动保护监督检查员应履行下列义务：

（一）严格执行国家法律法规和政策，实事求是，坚持原则，联系群众，依法监督；

（二）宣传国家劳动安全卫生法律法规和政策，教育职工遵守国家有关劳动安全卫生的各项法律法规和企事业单位的规章制度，推广先进的安全管理方法、预防事故和职业危害技术；

（三）与政府有关部门密切合作；

（四）学习相关知识，提高自身素质，适应工会劳动保护监督检查工作的要求。

四、工会劳动保护监督检查员的管理、考核与奖惩

工会劳动保护监督检查员的日常管理主要由其所属工会组织负责，工会组织对工会劳动保护监督检查员有业务指导的责任。工会劳动保护监督检查员应当定期接受培训，全国总工会、省（自治区、直辖市）总工会制定定期培训计划，以提高劳动保护监督检查员的业务素质和工作能力。任命机关应每年对工会劳动保护监督检查员的工作进行考核，并将考核结果向上级工会组织报告，对于工作做出优异成绩的工会劳动保护监督检查员，经推荐、评审后，由任命机关授予优秀工会劳动保护监督检查员称号。对于长期不履行监督检查职责、工作严重失职的，任命机关应撤销其工会劳动保护监督检查员资格。

第三节　基层工会劳动保护监督检查委员会

基层工会是我国工会的重要组织基础和工作基础，基层工会劳动保护工作是工会劳动保护工作的基本环节和基础保障，加强基层工会劳动保护工作对于推动整个工会劳动保护工作，促进安全生产，确保职工生命安全和身体健康，有着非常重要的意义。全国总工会颁布的《基层工会劳动保护监督检查委员会工作条例》（以下简称《监督检查委员会工作条例》）对基层工会劳动保护监督检查委员会的设立、职权等作了明确规定。

一、基层工会劳动保护监督检查委员会的设立

《监督检查委员会工作条例》规定："企事业工会及所属分厂、车间工会设立工会劳动保护监督检查委员会（或工会劳动保护监督检查小组，下同）。"也就是说，所有企事业都应根据实际情况建立工会劳动保护监督检查委员会或小组。一般来说，企事业、车间人数较少的（职工50人以下）可建立工会劳动保护监督检查小组。

乡镇工会、城市街道工会及基层工会联合会也可设立工会劳动保护监督检查委员会。

工会劳动保护监督检查委员会由同级工会提名，报上级工会备案。委员会委员的数量，应根据企事业、车间的职工人数来定，一般由5~15人组成。主任委员1人，由工会主席或者副主席担任；副主任委员1~2人，由行政干部或工会有关负责人担任；委员若干人；女职工相对集中的单位，应设女职工委员。人数较少的企事业、车间，可组成3人工会劳动保护监督检查小组。

二、基层工会劳动保护监督检查委员会委员资格确定和任期

基层工会劳动保护监督检查委员会委员可从工会劳动保护干部及热心

于工会劳动保护工作的企业、车间一线工人、工程技术人员、医务人员、行政职能部门的干部中推荐。但行政管理人员不得超过委员会总人数的1/3。

工会劳动保护监督检查委员会的任期原则上与工会委员会的任期一致，工会委员会换届后，应对工会劳动保护监督检查委员会进行调整、更换。为有利于工作的开展，每年也可根据实际情况进行委员的调整和补充。委员会委员一旦缺员，应及时进行补充。如果企事业、车间工会委员会发生合并、撤销等变化，工会劳动保护监督检查委员会也应及时进行相应撤销或重新建立。

三、基层工会劳动保护监督检查委员会的职权

根据《监督检查委员会工作条例》的规定，工会劳动保护监督检查委员会的职权主要有以下10项。

（一）监督和协助。即认真监督和协助本单位贯彻执行国家劳动安全卫生法律法规，监督落实安全生产责任制和规章制度，参加涉及职工劳动安全与健康规章制度的制定，参与本单位劳动安全卫生措施、计划和经费投入等方案的制定和实施，对劳动安全卫生的决策、措施提出意见和建议。

（二）调查研究。即工会劳动保护监督检查委员会成员应主动深入班组，调查、了解、分析企事业、车间、班组劳动安全卫生状况，向企事业单位和有关方面反映职工对劳动安全卫生工作的意见、建议和要求。督促和协助企事业单位解决劳动安全卫生方面存在的问题，改善劳动条件和作业环境。

（三）劳动保护民主管理。工会劳动保护监督检查委员会要积极开展劳动保护的民主管理活动，参与本单位集体合同中关于劳动安全卫生、工作时间、休息休假和工伤保险等条款的协商与制定，维护职工劳动安全卫生的权利、休息休假的权利和享受工伤保险的权利。对集体合同、劳动合同中劳动安全卫生条款的执行情况进行监督检查。

（四）制止"双违"和安全检查。工会劳动保护监督检查委员会要制

止违章指挥、违章作业。组织或协同行政进行安全生产检查，组织职工代表对劳动安全卫生工作进行督查。对事故隐患和职业危害作业点建立档案，监督整改和治理，并督促企事业单位防范事故和职业危害。

（五）提出整改意见。工会劳动保护监督检查委员会对违反国家法律法规、不符合劳动安全卫生标准规定的问题，提出整改意见；问题严重的，向企事业行政提出书面整改意见；对拒不整改的，要求政府有关部门采取强制性措施。

（六）参加"三同时"审查验收。工会劳动保护监督检查委员会监督检查新建、扩建和技术改造工程项目的劳动安全卫生设施与主体工程同时设计、同时施工、同时投产使用。工会组织参加"三同时"审查验收，是贯彻执行《工会法》《劳动法》，消灭或减少建设项目职业危害，保障职工安全健康的重要措施。工会劳动保护监督检查委员会要重视新建、扩建和技术改造工程项目的"三同时"审查验收工作，监督"三同时"原则的实施。

（七）参加事故调查和处理。工会劳动保护监督检查委员会参加职工伤亡事故的调查和处理，查清事故原因和责任，提出对事故责任者的处理意见，监督和协助企事业单位采取防范措施，对发生的职工伤亡事故和职业病进行研究、分析，总结教训，提出建议。

（八）要求紧急避险。工会劳动保护监督检查委员会在生产过程中发现明显重大事故隐患和严重职业危害，并危及职工生命安全的紧急情况时，要求企事业行政或者现场指挥人员采取紧急措施，包括立即从危险区内撤出作业人员。同时支持或组织职工采取必要的避险措施并立即报告。

（九）宣传与教育。基层工会要把对职工的安全卫生宣传教育作为一项长期的重要任务来抓，工会劳动保护监督检查委员会应承担起这个责任。要充分利用广播、电视、报刊、宣传栏、知识竞赛等多种形式，宣传国家劳动安全卫生法律法规、政策及企事业的规章制度，结合实际情况，组织和发动职工开展安全生产活动，教育职工遵章守纪，提高职工的安全意识和技能。

（十）维护职工劳动安全卫生权益。工会劳动保护监督检查委员会应督促企事业单位按国家有关规定发放劳动安全卫生防护用品、用具，监督企事业单位定期对职工进行健康检查。监督企事业单位履行对职业病人的诊断、治疗和康复的责任，督促落实工伤待遇及职业病损害赔偿。监督和协助企事业单位落实女职工和未成年工特殊保护的有关规定。

企事业单位对工会劳动保护监督检查委员会的工作应给予支持，并提供相应的工作条件。对阻挠监督检查工作的单位和个人，有权要求有关部门严肃处理。

第四节　工会小组劳动保护检查员

工会小组是工会的最基层单位，工会小组成员工作在生产第一线，对本单位的生产经营情况和安全生产状况最了解，加强工会劳动保护工作，必须充分发挥工会小组在劳动保护中的积极作用。《工会小组劳动保护检查员工作条例》（以下简称《检查员条例》）对工会小组劳动保护检查员的设立、职权等作了明确规定。

一、工会小组劳动保护检查员的设立

（一）工会小组劳动保护检查员的设立范围

根据《检查员条例》规定，在工、交、财贸、基本建设等行业的企事业生产班组中，设立工会小组劳动保护检查员。这一规定强调在工交、财贸、基本建设等事故多发行业的生产班组中必须设立工会小组劳动保护检查员，突出了工会劳动保护监督的重点是在生产班组。

（二）工会小组劳动保护检查员推选程序

工会小组劳动保护检查员经民主推选产生。工会小组劳动保护检查员是本班组职工劳动安全卫生权益的维护者。谁能而且热心从事群众性劳动保护工作，本班组职工最清楚，也最有发言权。因此，工会小组劳动保护检查员应当由所在班组职工群众民主推选产生。

（三）工会小组劳动保护检查员的任职条件

工会小组劳动保护检查员应具有一定的劳动安全卫生知识，敢于坚持原则，责任心强。因为工会小组劳动保护检查员肩负着落实规章制度、查询相关信息、开展群众教育、制止"双违"、进行安全检查和紧急避险、现场急救等多项职责，所以工会小组劳动保护检查员应具有一定的劳动安全卫生知识和很强的事业心。同时，作为普通职工的工会小组劳动保护检查员，在监督检查工作中还承受着各方面的压力，一方面是行政要求完成生产任务，提高企业的经济效益；另一方面是职工群众的生命安全，这就要求工会小组劳动保护检查员敢于坚持原则，有较强的责任心。

二、工会小组劳动保护检查员的职权

根据《检查员条例》规定，工会小组劳动保护检查员的职权如下。

（一）协助落实法律法规和规章制度。即协助班组长落实国家劳动安全卫生法律法规及企事业规章制度，创建安全生产合格班组。

（二）工会小组劳动保护检查员应主动查询工作场所存在的职业危害和企事业单位相应的防范措施，带头行使职工对作业场所有害因素和防范措施的知情权。

（三）监督和协助班组开展安全教育工作。督促和协助班组长对本班组人员进行安全教育，提高安全生产意识和技术技能是工会小组劳动保护检查员的教育职责。工会小组劳动保护检查员要督促班组长对班组成员进行安全教育，使之成为经常化、制度化的工作。

（四）制止"双违"。制止违章指挥、违章作业是工会小组劳动保护检查员的重要职责。在纠正违章时要讲究方式方法，注意通过安全法律法规教育，增强职工的法治观念，提高遵章守纪、抵制违章指挥、违章作业的自觉性。

（五）督促解决安全检查中发现的隐患。工会小组劳动保护检查员应经常对生产设备、防护设施、工作环境进行监督检查，及时了解、掌握和发现工作场所、岗位所存在的致伤、致病和不良工作条件的危险和各种隐患，对于发现的隐患要及时报告，督促解决。对隐患整改的全过程要进行监督，直至彻底消除隐患。

（六）组织紧急避险。工会小组劳动保护检查员在生产劳动过程中一旦发现危及职工生命安全的紧急情况，应立即报告，组织职工采取必要的避险措施。要坚持原则，在无法确定事故发生的时间，又有事故发生迹象的情况下，必须依照"安全第一，确保万无一失"的原则，采取积极的措施制止事故的发生，或将事故影响和损失控制在最小范围，同时将作业区域内的职工撤离危险现场，确保职工的生命安全。

（七）事故抢险和现场急救。发生伤亡事故后，工会小组劳动保护检查员要迅速参加抢险、急救工作，协助保护事故现场，并立即上报。

（八）监督企事业单位提供符合国家规定的劳动条件。工会小组劳动保护检查员有监督企事业是否为本班组提供符合国家规定的劳动条件以及个人防护用品的责任，并有义务代表本班组员工向企事业单位提出不断改善劳动条件和作业环境的建议。

（九）因进行正常监督检查活动而受到打击报复时，有权上告，要求严肃处理。

工会组织对工会小组劳动保护检查员的工作应予以支持。对做出贡献的工会小组劳动保护检查员，上级工会组织应给予表彰和奖励。工会组织还可以与企事业行政协商，给予有贡献的工会小组劳动保护检查员一些优惠待遇。

思考题

1.工会劳动保护监督检查员的设立是怎样规定的？

2.工会劳动保护监督检查员的职权是什么？

3.工会劳动保护监督检查员的义务是什么？

4.基层工会劳动保护监督检查委员会如何设立？

5.基层工会劳动保护监督检查委员会有哪些职权？

6.工会小组劳动保护监督检查员有哪些职权？

案例 1

"六个一"确保班组安全生产

2023 年 7 月 18 日　来源：《工人日报》

中国铁路济南局集团公司淄博工务段周村线路工区连续三年获"集团公司先进班组"荣誉称号，班组坚持"六个一"制度，积极推进班组管理标准化，确保各项工作落到实处。

每日一讲。工区严格执行段制订的班班清考核办法，每日早点名前认真学习"安全红线"内容，督促每名职工要管好自己，监督好他人，确保人人安全，个个平安。

每日一问。在班前会上，工长布置完生产任务，提问防护员或作业人员作业过程中需要注意的安全事项和可能存在的安全隐患。

每日一警。根据作业的性质和要求，每天分析一个安全事故，上班前敲响警钟，提醒作业人员时刻注意人身安全，加强劳动保护。

每日一考。工长结合现场实际在题库中随机抽取考试题，职工对应知应会的考试题必须回答完整，连续两次答题错误，将纳入班班清考核。

每日一练。每天抽出 10 分钟在练功区进行实作演练，补强短板，强化基本功，做到人人都行。

每日一评。当日收工会，每个作业组评出一名优秀个人给予相应加分奖励，通过榜样的力量激发职工的积极性。（郭修山）

案例 2

山西省工会四大举措推动"工具包"工作落地见效

2023 年 5 月 26 日　来源：中工网

以"安康杯"竞赛活动为抓手，以井口工作站为依托，以加强宣教为基础，以职工职业劳动保护技能竞赛为驱动，增强职工群众使用"工具包"的意识，5 月 23 日，在晋中召开的全国工会开展职业安全卫生防护"工具包"适用性研究和推广应用推进会上，山西省总工会交流了近年来省围绕 4 个方面推动"工具包"工作落地见效的经验。

近年来，山西省总工会紧密结合"安康杯"竞赛等群众性安全生产和职业健康活动，积极稳妥地探索"工具包"工作的推广应用尝试工作，切实维护职工群众的劳动安全卫生权益。

山西省总工会以"安康杯"竞赛活动为抓手，推动"工具包"工作落实落地。在推广"工具包"工作的过程中，省总将晋能煤业忻州窑矿等企业作为试点，将"工具包"工作纳入"安康杯"互检工作中，重点检查推广应用"工具包"试点企业的实施情况，并邀请专家对"工具包"工作进行指导，督促企业对暴露的问题选取适用的检查要点进行整改，受到了企业和职工的认可和欢迎。

省总以井口工作站为依托，推动"工具包"工作逐步开展。省总紧跟山西能源革命综合改革和智能化矿井建设需求，联合省应急管理厅、省卫生健康委等5家单位出台《山西省煤矿智慧井口群众安全工作站建设及星级竞赛考核办法》，以开展煤矿群众安全监督检查为基础，以运用5G互联等信息化采集和反馈为手段，以消除隐患、及时整改为目的，打造集宣传教育、职工帮教、隐患排查、信息反馈、隐患整改等功能于一体的煤矿智慧井口群众安全工作站。目前，全省生产经营的652座煤矿已全部建站，其中包括五星级工作站126个。今年，省总将出台《关于在高危重点行业探索建立群众安康工作服务站的指导意见》，在涉及保供的重点行业建立群众安康工作服务站，以服务站为平台，在企业隐患排查和整改中广泛传播"工具包"理念。

省总通过开展技术研讨、组织宣传培训、纳入省总干校和工匠学院劳动保护必修特色课等工作，广泛宣传"工具包"安康理念，积极推动"工具包"在企业的推广应用。省总联合应急、卫健部门开展安全隐患和职业危害"随手拍"活动，引导职工将"工具包"理念转化为安康技能。同时，省总对企业职业安全卫生进行全面评价、整改，高效解决生产中存在的安全卫生防护问题，及时将各类职业危害因素最大限度扼杀在摇篮中。

省总以技能竞赛为驱动，增强职工群众使用"工具包"的意识。2019年，省总在危化行业举办首届职工职业劳动保护技能竞赛，在实操环节设置正确佩戴防护用具、受限空间作业等6个项目。全省近20万名危化行业职工参加了竞赛，占全行业职工总数的 92.8%。2022 年，省总在煤炭行业开展了第二届竞赛，在实操中设置创伤急救、安全检查、矿山救护等 5 个项目，力求以实用、管用、常用的劳保技能引导职工广泛参与。全省共有近 130 万名煤炭行业职工参加此次竞赛，占比 91%。通过举办技能竞赛，省总引导和带动广大职工积极参与推广"工具包"工作，形成扩大宣传、教育引导、典型示范的效果，进一步扩大了"工具包"理念的影响和覆盖面。（山西工人报首席记者 米俊茹）

第十章　工会劳动保护的基本任务

第一节　立法和决策参与

工会代表和组织职工参与管理国家事务、管理经济和文化事业、管理社会事务，参与企事业单位、机关、社会组织的民主管理，是法律赋予工会的一项重要职责，是工会维护职工合法权益的有效机制和重要渠道。工会为了加强劳动保护工作，切实保护职工在劳动过程中安全与健康，必须高度重视立法参与与决策工作。

一、立法参与

法律是劳动保护工作的基本依据和基本保障。工会应高度重视并积极参与有关劳动保护的法律法规的制定完善，提出工会主张，反映职工的意愿和合理诉求，切实从源头上维护职工合法权益。把基层在实践中创造出的可借鉴可复制的好经验好做法总结提炼出来，上升到法律法规政策层面，积极推动涉及职工安全健康权益的法律法规政策的不断完善，构筑我国安全生产法律法规体系，为工会维护职工安全健康合法权益提供完善的法律依据，使工会劳动保护工作做到有法可依、有章可循。

工会的立法参与包括两个层面：一是国家立法参与，即参与国家有关劳动安全卫生法律和行政法规的制定；二是地方立法参与，即地方工会要加强与同级人大、政府的协作与沟通，积极参与地方有关劳动安全卫生法规与标准的制定和修订，健全劳动安全卫生法律监督制度。

二、决策参与

工会决策参与分宏观决策参与和基层决策参与。

（一）宏观决策参与

宏观决策参与主要是工会通过以下几个途径参与有关劳动安全卫生的

决策。（1）提交全国、地方各级人大、政协劳动安全卫生方面的议案提案。（2）参加各级安全生产委员会。安全生产委员会一般是由政府、行业和工会等方面人员组成。各级工会可以通过参加安全生产委员会就劳动保护工作中的重大决策与有关方面进行平等协商。（3）参加与同级政府的联席会议，通过联席会议来解决劳动保护工作中的重大问题。

（二）基层决策参与

基层决策参与，主要是基层工会参与企事业单位有关劳动保护方面的管理制度、作业规程、奖惩办法等的制定和修订工作。特别是通过平等协商、集体合同制度和职工代表大会制度进行民主管理和民主监督。

1.发挥集体合同制度在劳动保护中的作用

工会通过代表职工就劳动安全卫生问题与企事业单位进行平等协商、依法签订集体合同，确定双方都可接受的劳动标准，从而在源头上防止生产安全事故和职业病的发生，保障职工的生命安全和身体健康。

集体合同中设置劳动保护条款应当遵守的原则是：（1）劳动保护内容必须符合各种劳动保护法律法规的要求；（2）劳动保护条款应体现广大职工意愿和要求；（3）既要坚持国家标准，又要从企事业实际情况出发；（4）尽可能具体和量化。

集体合同中劳动保护条款涉及的主要内容包括：（1）企事业单位必须严格执行国家劳动保护法律、法规、标准；（2）企事业单位必须建立、健全安全生产责任制，制定完备的安全生产规章制度和操作规程；（3）企事业单位必须保证本单位安全生产投入的有效实施；（4）企事业单位必须向劳动者提供符合国家标准的劳动条件；（5）对查出的事故隐患和尘毒作业点要及时整改；（6）"三同时"原则的具体内容；（7）每年提出年度安全技术措施项目计划，落实资金，落实责任人员，明确完成时间；（8）对职工进行安全生产教育；（9）按规定发放劳动保护用品，并教育、督促、检查职工正确使用；（10）对从事接触有毒有害职业的职工要定期进行健康检查；（11）发生生产安全事故和严重职业病时，必须及时通知工会；（12）应当加强对女职工和未成年工特殊劳动保护；（13）依法参加工伤保险，按时足额缴纳工伤保险费；（14）制定和修改劳动保护规章制度时，应当提交职工代表大会讨论，并与工会协商确定；（15）企事业单位法定代表人定期向职工代表大会报告有关劳动保护的情况，接受职工的监督；（16）工会依法组织职工参加本单位安全生产工作的民主管理和民主监督；（17）职工在劳动过程中必须严格遵守劳动纪律、劳动安全卫生规程和操作规程；（18）职工有权对本单位安全生产工作中存在的问题提出批评、检举、控告，有权拒绝违章指挥和强令冒险作业。

2.发挥职代会在劳动保护中的作用

职工代表大会是职工民主管理的基本形式，是职工行使民主管理权力的机构。工会要督促企事业充分发挥职代会作用，保障广大职工的知情权、参与权、表达权、监督权。要依法积极推动企事业建立健全重大隐患治理情况向负有安全生产监督管理职责的部门和企事业职代会"双报告"制度。

根据规定，职工代表大会对企事业单位劳动保护措施行使审查同意或者否决权。一般来说，提交职工代表大会审查的劳动保护措施应包括以下基本内容。（1）劳动安全。主要包括：为保证职工生产劳动过程中生命安全，防止生产安全事故发生而采取的技术、设备、个人防护等方面的措施。（2）劳动卫生。主要包括：为保障职工身体健康，防止职业病、职业中毒和职业性危害，而在技术上、设备上、医疗卫生预防方面所采取的措施。（3）安全技术措施费用。主要包括：安全技术改造、生产环境的改造和隐患治理等专项费用的提取、使用。（4）劳动防护用品。主要包括为职工安全生产应提供的各种劳动防护用品的质量和数量。（5）工作时间和休假。主要包括：日工作时间、周工作时间、夜班工作时间、不定时工作时间、综合计算工作时间、延长工作时间、日休息、周休息安排、法定节假日休息、年休假等。（6）女职工和未成年工特殊劳动保护措施。（7）劳动保护奖惩制度。

职工代表大会行使劳动保护审查同意或者否决权，基本程序一般如下。（1）协商草案。企事业单位行政应事先向职工代表大会通报需要审议的内容，与工会协商拿出草案。（2）会前讨论。在召开职工代表大会前，将草案交职代会各代表团（组）进行讨论，汇总意见后转交行政有关方面作进一步修改。（3）会中审议。单位行政领导就劳动保护措施向职工代表大会作报告，各代表团（组）进行讨论，主席团汇总职工代表意见后，交行政进行修改或说明。（4）表决实施。劳动保护措施提请职工代表大会进行表决，表决通过后由单位行政负责实施。

第二节　监督检查

监督检查是一项综合性劳动安全卫生管理措施，是建立良好的劳动安全卫生环境与秩序，保证劳动安全卫生目标实现的有效手段，是防止、减少生产安全事故和职业病危害的有效方法。监督检查也是工会维护职工安全健康合法权益的重要手段和途径。工会通过开展各种形式的群众性监督检查活动，可以宣传劳动安卫生法律、法规、政策，增强企事业单位领导和广大职工的安全意识，可以发现在生产过程中的不安全和职业病危害因素，督促单位采取有针对性的措施，消除各种安全隐患，还可以发现、总结劳动安全卫生的好经验，推动企事业单位搞好劳动安全卫生工作，确保劳动者的生命安全和身体健康。

一、督促企事业贯彻落实劳动安全卫生相关法律法规，履行安全卫生主体责任和企事业全员安全生产责任制

切实履行法律赋予工会的监督职责，督促企事业贯彻落实劳动安全卫生相关法律法规，履行安全卫生主体责任和企事业全员安全生产责任制，执行安全卫生规章制度和操作规程，加强现场安全卫生管理和重大危险源监控，强化关键设施装置安全运行维护和落实安全防范措施。督促建立健全职业病防治责任制，采取职业病防治管理措施，采用有效的职业病防护设施。加大资金投入，实施安全生产和职业病防治教育培训计划，提高企事业安全生产和职业病防治水平。

二、劳动安全卫生检查的基本要求

开展劳动安全卫生监督检查的基本要求是：必须明确监督检查的目的、要求和具体计划；必须明确安全卫生检查的组织、人员的责任；必须明确安全卫生检查的形式、要求、内容和评价标准；必须坚持领导干部、专业人员和职工群众相结合的原则；必须坚持边检查边整改的原则；必须坚持注重实效的原则。

工会要主动监督、敢于监督、善于监督，对监督检查中发现的违章指挥、强令职工冒险作业、生产设备安全隐患突出、职工培训不足等危害职工安全健康权益的重大问题，要依法采取相应措施予以制止，并向政府相关部门反映，提出工会的处理意见，督促、跟踪企业及时整改。

三、劳动安全卫生检查的类型

根据不同的标准，劳动安全卫生检查可以划分为不同的种类。

根据检查的范围可分为：全国性安全卫生检查、区域性安全卫生检查、行业性安全卫生检查、单位安全卫生检查、车间和班组安全卫生检查。

根据检查的时间跨度可分为：定期安全卫生检查、年度安全卫生检查、季度安全卫生检查、月度安全卫生检查、周安全卫生检查、日安全卫生检查及不定期安全卫生检查。

根据检查的对象可分为：特种设备安全卫生检查、危险作业安全卫生检查、作业场所安全卫生检查、专项安全检查、岗位安全检查。

根据检查组织者可分为：工会参与性的安全卫生检查、以工会为主组织的安全卫生检查。

四、劳动安全卫生检查的主要内容

安全卫生检查的主要内容如下。

（一）安全卫生生产法律、法规、政策的执行情况

主要检查企事业单位负责人、管理者和职工群众对安全卫生生产法律法规政策的学习、了解、熟悉和执行情况。

（二）安全卫生管理制度落实情况

主要检查企事业单位是否已制定安全卫生各项规章制度；安全卫生监督管理机构是否健全；职工群众是否参与安全卫生民主管理活动；工会劳动保护监督检查组织网络是否健全；改善劳动条件的措施计划是否按年度编制与实施；安全卫生技术措施经费是否逐项、足额提取和使用；"三同时"原则是否得到落实；各种操作规程是否完善和具体执行情况；等等。

五、劳动安全卫生检查的方法

安全卫生检查应当成立相应的组织机构。安全卫生检查的具体方式方法很多，如深入现场实地观察，召开汇报会、座谈会、调查会以及个别访问职工，问卷调查，查阅有关文件和资料等，都是常用的行之有效的方法，可以根据具体情况，灵活适用。

安全卫生检查更科学、更有效的一种方法是使用安全卫生检查表。安全卫生检查表就是事先把检查对象加以剖析，把大系统分割成小的子系统，然后确定检查项目，以提问的方式，将检查项目按系统或者子系统顺序编制成表，以便进行检查和避免漏检。

安全卫生检查表要求填写检查的地点（如检查的企业、车间、工段等），内容可以简单地列4个栏目，即序号栏、检查项目栏、"是""否"或"合格""不合格"栏和备注栏。为了使检查表进一步具体化，还可以增添栏目，将各检查项目的标准或参考标准列出，使检查者和被检查者知道怎么做才是对的，从而提高检查效果和检查质量。每张检查表均需注明检查时间、检查者、直接负责人等，以便分清责任。检查表最好一式两份，在检查确认签字后留给被检查单位1份，用于对照整改和反馈整改情况，留底备查1份。

六、劳动安全卫生检查结果的处理

对检查出来的不安全因素，尤其是检查出来的现场安全事故隐患和职业病危害事故隐患要及时进行处理，以便真正消除隐患，防止生产安全事故和职业病的发生。

安全卫生检查结果的处理应遵循以下原则：（1）边查边改的原则；（2）限期整改的原则；（3）采取防护措施的原则；（4）"三定四不推"原则（"三定"是指定具体负责人、定措施办法、定整改时限；"四不推"是指凡班组能解决的不推给车间，凡车间能解决的不推给企事业，凡企事业能解决的不推给上级主管部门，凡本级主管部门能解决的不推给上一级机关）。

七、事故隐患和职业病危害作业点建档跟踪监督整改

检查发现并整改各种事故隐患和职业病危害，是预防各种事故和职业病的一项重要措施，也是工会劳动保护监督检查的一项重要任务。为了做好这项工作，应开展对事故隐患和职业病危害作业点的建档、跟踪监督整改工作。

（一）检查与登记

工会要发挥劳动保护监督检查网络的作用，单独或会同有关方面，开展定期、不定期的全面或专项安全卫生检查，发现事故隐患和职业病危害作业点，并进行登记。

（二）评估和建档

对检查发现的事故隐患和职业病危害作业点，基层工会应会同行政有关方面做好评估工作。必要时可以邀请上级工会和有关专家参与评估。评估工作的重点是认定事故隐患可能造成的死亡人数和经济损失；认定职业病危害作业点的粉尘、毒物浓度及其危害的程度。在评估的基础上，进行分级，提出整改措施。

（三）工会监督落实整改措施

对评估和建档的事故隐患和职业病危害作业点，工会负有跟踪检查与协助单位行政落实整改的责任。基层工会应做好以下几项工作。（1）凡是能够在班组、车间和单位内部解决的事故隐患和职业病危害作业点，应列为跟踪监督检查的目标，监督、协助行政落实整改，并发动与组织职工积极参与整改。（2）对可能发生火灾、爆炸、坍塌和急性中毒等一、二级事故隐患和职业病危害作业点，要作为跟踪监督整改的重点。（3）凡是可以解决的问题，应督促有关方面立即落实整改措施，及时解决；暂时不能解决的问题，应根据实际情况向行政提出限期整改的意见，并协助行政确定解决措施、解决时间和负责人；凡能列入安全措施计划、大修计划、技术改造工程和其他项目的事故隐患，应建议并督促行政将其列入有关措施计划，认真加以落实。

（四）重大问题应提交职工代表大会审议并监督执行

（五）在事故隐患和职业病危害作业点整改措施未落实期间，应建议、协助并监督行政采取应急防范措施

八、报告、统计分析与存档

（一）报告。企事业单位自身无法解决的事故隐患和职业病危害作业，基层工会应及时填写事故隐患和职业病危害作业点报告书，报上级工会劳动保护部门，同时建议单位行政报告上级主管部门。

（二）统计分析。对于已建档的事故隐患，要定期进行统计、分析。自身无法解决的事故隐患，要写出详细的专题报告，说明无法解决的理由，请上级组织给予解决。

（三）存档。对于已整改的事故隐患应存档，在档案中要注明整改的日期、整改负责人、所采取的措施、整改效果及取得的经验和体会。

第三节 参与"三同时"监督

建设项目"三同时"是劳动安全卫生工作的一项"事前"保障，对于防止和减少生产安全事故和职业病危害有着非常重要的意义。《安全生产法》规定："工会有权对建设项目的安全设施与主体工程同时设计、同时施工、同时投入生产和使用进行监督，提出意见。"

一、"三同时"审查原则和标准

(一)"三同时"审查原则

工会进行"三同时"审查的原则是：根据国家和地方有关劳动安全卫生和安全技术规定、标准，结合我国国情和现有技术水平，既要坚持按标准严格要求，又要坚持实事求是的原则。

(二)"三同时"审查标准

工会进行"三同时"审查应当采用我国现行的劳动安全卫生国家标准及行业标准。

二、"三同时"审查各个阶段的审查要点

"三同时"审查分可行性研究审查、设计文件审查、竣工验收审查3个阶段，每个阶段都有审查的要点。

(一) 可行性研究审查要点

1.项目建议书。建设单位在提出项目建议书时，应有劳动安全卫生情况的说明，并提出对劳动安全卫生措施的原则要求。

2.可行性研究。建设单位在组织编制建设项目设计任务书或可行性研究报告时，应对本项目中的危险、有害因素进行论述，对所采取的劳动安全卫生技术措施的可行性进行论证。

3.职业卫生和安全评价。对于有害因素较大的建设项目，建设单位应委托设计或研究单位进行建设项目的职业卫生和安全评价，并提出评价报告书。

工会组织收到建设单位报送的项目建议书、可行性研究报告和劳动安全卫生评价报告书后，应和安监、卫生部门共同进行研究，并从安全和卫生角度考虑能否建设，提出肯定或否定的结论性意见。

(二) 设计文件审查要点

根据国家有关规定，设计单位在编制建设项目的初步设计任务书时，应同时编写《劳动安全卫生专篇》。工会应认真审查建设单位报送的建设项目初步设计文件（包括《劳动安全卫生专篇》《建设项目劳动安全卫生初步设计审查表》），并将审查意见以书面形式向建设单位反馈。审查意见应包括以下内容：生产工艺流程设计是否先进合理；针对生产过程中可能产生的职业病危害所采取的措施是否合理、有效并符合现有的职业卫生和安全方面的法律、法规和标准。

(三) 竣工验收审查要点

验收前，工会要认真审查建设单位报送的申请验收投产的专题报告和《建设项目劳动安全卫生验收审查表》。验收时，工会组织要逐项审查建设单位报送的安全和职业卫生方面的专题报告和建设项目职业卫生和安全设施的工程质量以及运行效果。上级工会可以向企事业单位行政、工会了解有关情况，也可以召开一线职工座谈会，直接了解一线职工对劳动安全卫生条件的反映。

对建设项目劳动安全卫生设施存在的问题，工会应当以书面的形式向建设单位提出改进意见和建议，并要求建设单位作出书面答复。

生产经营单位工会要督促本单位新建、改建或扩建的工程项目严格落实法律法规和标准规范，劳动安全卫生设施必须与主体工程同时设计、同时施工、同时投入生产和使用，对不符合"三同时"规定或安全卫生设施不达标的，要向有关部门反映，提出改进意见和建议，并督促整改。

第四节 参加生产安全事故和职 业病危害事故调查处理

参加生产安全事故和职业病危害事故的调查处理是工会劳动保护工作的重要组成部分，也是法律赋予工会的重要职责。

一、工会参加生产安全事故和职业病危害事故调查处理的法律依据

工会参加生产安全事故和职业病危害事故的调查处理有明确的法律依据。《工会法》规定："职工因工伤亡事故和其他严重危害职工健康问题的调查处理，必须有工会参加。工会应当向有关部门提出处理意见，并有权要求追究直接负责的主管人员和有关责任人员的责任。对工会提出的意见，应当及时研究，给予答复。"《安全生产法》规定："工会有权依法参加事故调查，向有关部门提出处理意见，并要求追究有关人员的责任。"《生产安全事故报告和调查处理条例》规定："工会依法参加事故调查处理，有权向有关部门提出处理意见。"《职业病防治法》规定："发生职业病危害事故时，工会有权参与事故调查处理。"

二、工会参加生产安全事故和职业病危害事故调查处理的基本要求

工会在参加生产安全事故和职业病危害事故的调查处理时，要重点维护职工的合法权益。

（一）是否有瞒报、漏报事故的情况

瞒报、漏报事故，一方面有可能使伤亡和遭受职业病危害的职工不能依法享受工伤保险待遇和得到用人单位的民事赔偿；另一方面无法按照

"四不放过"原则，防范同类事故的发生，从而威胁职工的生命安全和身体健康。

（二）调查分析事故原因和确定、处理事故责任时，是否全面、公正

工会在参加事故调查、分析事故原因时，既要分析事故的直接原因，更要分析导致事故的直接原因和存在的间接原因；在确定和处理事故责任者时，既要确定和处理事故的直接责任者，也要确定和处理事故的间接责任者。只有这样，事故的调查处理才能做到客观、全面、公正、合理。

（三）职工是否依法获得工伤保险待遇和用人单位的民事赔偿

《安全生产法》规定："因生产安全事故受到损害的从业人员，除依法享有工伤保险外，依照有关民事法律尚有获得赔偿的权利的，有权提出赔偿要求。"《职业病防治法》规定："职业病病人除依法享有工伤保险外，依照有关民事法律，尚有获得赔偿的权利的，有权向用人单位提出赔偿要求。"因此，工会在生产安全事故和职业病危害事故调查处理过程中，要调查了解用人单位是否依法履行了工伤保险责任。当用人单位违反了有关法律，侵害了职工合法权益，职工提出民事赔偿要求时，工会应当依法为职工提供法律援助。

第五节　开展各种劳动保护群众活动

组织职工开展各种劳动保护群众活动，是工会劳动保护工作的一项重要任务。

一、深入开展"安康杯"竞赛活动

"安康杯"是取"安全"和"健康"之意而设立的安全生产荣誉奖杯。"安康杯"竞赛，顾名思义也就是把竞争机制、奖励机制、激励机制

应用于安全生产活动中的群众性"安全"与"健康"竞赛，它是社会主义劳动和技能竞赛在安全生产工作中的具体应用、实践和延伸。

"安康杯"竞赛的目的是，通过竞赛安全生产管理、领导者安全生产意识、职工安全生产知识水平和能力、安全生产各项指标等，不断推进企事业单位的安全生产工作和安全文化建设，不断扩大社会影响，提高全民安全生产意识，最终降低各类事故的发生率和各类职业病的发病率。

"安康杯"竞赛主题是依据当时安全生产的主要问题，并结合工会工作的特点确立的。为使竞赛活动取得实效，竞赛主题在时间跨度上保持了相对稳定。以全国"安康杯"竞赛活动为例，每期活动始终把提高企业管理人员安全生产意识，提高广大职工安全生产知识和自我保护能力作为竞赛主题。这一主题的确立既抓住了当前我国安全生产的突出问题，又符合发挥工会组织的特点和作用，因此，深受企业管理者和职工的欢迎。"安康杯"竞赛活动中主题的确立，符合安全生产的实际情况，对开展好竞赛活动非常重要，因此，在每年活动之初，活动组织者都要根据当时安全生产工作的情况和上一年度的竞赛效果，及时确立新一年度的竞赛主题。

为了深入开展"安康杯"竞赛活动，应当采取以下主要措施。

（一）充分认识"安康杯"竞赛活动在安全生产工作中的地位和作用。做好安全生产工作的关键是"安全第一、预防为主、综合治理"，预防为主、防治结合，把预防工作放在首位；解决管理人员和职工的安全意识不到位，安全生产知识的培训不到位的问题；始终围绕安全卫生知识的培训教育，围绕提高企事业的安全卫生管理水平和意识，围绕提高广大职工的安全卫生知识和自我保护能力来进行。

（二）通力合作，突出重点，不断扩大"安康杯"竞赛活动参赛范围。"安康杯"竞赛是一项系统工程，需要多方参与、齐抓共管才能奏效。中华全国总工会与应急管理部等部门、国家卫生健康委员会要建立健全工作机制和制度，形成工作合力，参赛企事业内部也要党政工团齐抓共管。

（三）应针对当前安全生产工作中出现的突出和难点问题，及时调整"安康杯"竞赛活动重点，始终把煤矿、建筑等事故高发行业、农民工聚集企业及有毒有害等危害严重的企业作为"安康杯"竞赛活动的重点开展对象，采取各种激励方式和手段吸引这些行业和企业参加到活动中来，从中选树安全先进典型，以点带面，全面推进安全生产工作。

（四）创新活动形式，扩大"安康杯"竞赛品牌效应。应充分发挥"安康杯"竞赛载体的作用，把职工培训教育、创建安全合格班组、企业安全文化建设等活动逐步纳入"安康杯"竞赛活动中去，使"安康杯"竞赛活动内容更加丰富、充实，更具有活力和号召力。在认真总结活动经验的基础上，开展各种形式的安全文化活动，充实竞赛内容。

（五）加强"安康杯"竞赛活动的信息交流和宣传报道。重视应用现代信息化手段，发挥互联网的作用，不断加强横向及纵向间的信息沟通、传递"安康杯"竞赛活动信息，快捷地指导"安康杯"竞赛工作。应加强宣传报道工作的力度，通过各种媒介宣传"安康杯"竞赛活动的好经验、好做法。

（六）转变作风，深入实际，加强对"安康杯"竞赛活动的引导。工会有关部门要经常组织人员深入到企业了解"安康杯"竞赛活动开展的情况，帮助企业解决在开展活动中遇到的问题。继续加大省市间、产业间的全国"安康杯"竞赛活动的自查、互查和抽查力度，适时地开展相互间的学习、考察和交流。

（七）结合竞赛实际，不断加大表彰力度。对参加"安康杯"竞赛活动的企业，根据每年实际参加的企业数和职工人数，按一定的比率给予表彰。对在"安康杯"竞赛活动中表现突出，连续3年以上荣获"安康杯"竞赛优胜企业荣誉称号的，经考核合格的可连续获得荣誉称号，不再占用年度竞赛评比的分配指标。每年要评选出一批连续5年以上获得"安康杯"竞赛的优胜企业和单位，授予全国和地方五一劳动奖状，并不断增加表彰数量。同时，应加大优秀个人的表彰力度，并纳入全国五一劳动奖章的评比之中。

各级工会进一步贯彻中华全国总工会、应急管理部、国家卫生健康委员会《关于进一步深化全国"安康杯"竞赛活动的指导意见》，深入研究和准确把握竞赛的特点和规律，创新竞赛活动的形式和内容，探索开展互联网+"安康杯"竞赛活动方式，不断扩大竞赛活动的覆盖面。严格规范竞赛活动的评选、表彰和管理工作，提升竞赛活动的规范化水平，提高竞赛活动的质量和效果。把开展"安康杯"竞赛与工会组建、劳动和技能竞赛、创建劳动关系和谐企业活动等有机结合起来，相互促进、相得益彰，推动竞赛广泛深入持久开展。

二、开展群众性的"反违章""查隐患、堵漏洞、排险情、保安全"活动

各级工会要经常组织开展自下而上与自上而下相结合的"反违章""查隐患、堵漏洞、排险情、保安全"群众性劳动保护监督检查活动。要按照《中华全国总工会关于组织职工开展安全生产隐患排查治理工作的意见》的要求，充分调动广大职工的积极性和主动性，组织动员职工立足岗位开展隐患排查，把隐患当事故来对待，力争把事故隐患解决在萌芽状态。对于较大、重大事故隐患，要按照有关法律、法规和《工会劳动保护监督检查员工作条例》《基层工会劳动保护监督检查委员会工作条例》《工会小组劳动保护检查员工作条例》的要求，使用《事故隐患限期整改通知书》和《建议撤离危险岗位通知书》，避免和防止群死群伤事故的发生。要充分发挥工会小组劳动保护检查员的作用，对本岗位和工作场所的安全生产情况进行检查，及时发现、报告和督促整改，做到事前防范、事中监督、事后整改，把事故消灭在萌芽之中。要建立安全生产奖励举报制度，公布举报电话，设立举报电子邮箱，畅通举报渠道，为广大职工参与举报生产事故和严重职业危害提供便利。要认真受理举报的问题，保护举报人的合法权益，及时将举报内容向当地政府或该企业反映，对举报信息内容经核实属实的，依据事故隐患分级给予奖励，所需经费由各级工会从年度经费预算中列支。

三、班组安全建设

班组是企事业单位的最基层组织，是企事业单位实现安全生产的基础，也是企事业单位安全管理的落脚点，班组安全管理的好坏直接影响着企事业单位的安全生产工作。因此，加强班组安全建设，是实现企事业单

位安全生产的关键，也是工会发动职工参与安全管理，加强工会劳动保护的有效途径。协助企业充分发挥班组在企业安全生产与职业病防治中的基础性作用，进一步完善和强化班组安全管理，逐步实现班组安全管理标准化、规范化、制度化，把"安全第一、预防为主、综合治理"的安全生产方针落实到班组，把班组打造成为安全生产和职业病防治的第一道防线。把安全型班组建设与建设"职工小家"和创建"工人先锋号"等活动紧密结合起来，切实提高班组安全建设水平。

（一）班组安全建设的目标

班组安全建设的目标是：把党和国家的劳动安全卫生方针政策、法律法规和企事业单位规章制度落实到班组；在保障职工安全健康的前提下组织生产劳动；健全安全卫生责任制，实行安全卫生目标管理；逐步实现标准化、规范化、制度化；杜绝重大人身伤亡、中毒、火灾、爆炸等事故，向"事故为零"进军。

（二）班组安全管理

班组安全管理应遵守的原则如下。（1）目的性原则。以保障职工安全与健康为目的。（2）民主性原则。要充分发挥工会小组劳动保护检查员的作用，发动、组织班组职工参与安全卫生管理，调动全体职工的积极性。（3）实效性原则。一切从实际出发，注重实效。

班组安全管理的基本内容包括以下几点。（1）建立健全班组安全卫生管理的规章制度。主要有安全生产责任制、安全技术操作规程、工艺规程、安全检查制度、安全教育制度、安全奖惩制度等。（2）安全目标管理。安全目标的制定要切合实际，要在单位总体目标的指导下，形成个人向班组、班组向车间、车间向单位负责的层次管理。（3）开展班组安全卫生检查。通过多种形式的班组安全卫生检查，发现和查明各种生产安全事故和职业病危害事故隐患，并采取措施整改和防范，防止生产安全事故和职业病发生。（4）安全教育与训练。主要内容包括：安全卫生思想教育、安全卫生责任制教育、安全卫生方针政策和法律法规教育、事故案例教育、安全卫生知识教育、安全卫生技能训练等。（5）班组标准化作业。要求做到作业程序标准化、生产操作标准化、生产设备标准化、安全设施标准化、作业环境标准化、工具摆放标准化、安全用语标准化、劳动防护用品使用标准化、安全标志标准化等，有效防止人的不安全行为和物的不安全状态。（6）建立班组安全原始记录和台账。班组安全原始记录和台账是班组安全状况的第一手资料，必须认真、及时、准确。

（三）班组安全活动

班组可结合本单位、本班组的实际情况，开展一些行之有效的活动，如创建安全合格班组活动、百日安全无事故活动、安全合理化建议活动、安全碰头会、班组安全活动日、文明生产活动、排除不安全因素活动，等等。

第六节　劳动保护教育培训

劳动保护教育培训是工会劳动保护工作的重要任务之一。加强劳动保护教育培训，对于提高广大职工安全素质，防止事故和职业病发生，保障职工生命安全和身体健康，有着非常重要的意义。工会应督促和协助企业做好职工安全生产和职业病防治教育培训工作，落实新入职员工、车间班组、企业"三级"安全教育培训，特别是农民工上岗前的安全生产和职业病防治知识培训。充分发挥工会"大学校"作用，通过举办学习培训班、组织职工开展针对安全生产和职业病防治的"小发明、小创造、小革新、小设计、小建议"活动、探索开展职工劳动保护技能竞赛等形式，培养职工的安全意识和安全习惯，提高职工的事故防范、应急处置和自我保护能力，不断提升职工的安全技能和水平。

一、劳动保护教育培训的对象和内容

工会劳动保护教育培训的主要对象是各级工会劳动保护干部和广大职工。工会可以独立开展劳动保护教育培训，也可以会同政府有关部门或单位行政联合开展劳动保护教育培训。

工会劳动保护干部教育培训的主要内容是安全意识、国家有关劳动安全卫生的法律、法规、政策和标准，劳动安全卫生专业知识，职工在劳动安全卫生方面的权利和义务，工会劳动保护监督检查 3 个《条例》，工会基础理论和工会业务知识。

职工劳动保护教育培训的主要内容是安全意识、国家有关劳动安全卫生的法律、法规、政策和标准，企事业单位劳动安全卫生规章制度，职工在劳动安全卫生方面的权利和义务，劳动安全卫生知识、劳动安全卫生操作技能。

二、劳动保护教育培训方法和应注意的问题

根据劳动保护培训的对象和内容，选择不同的培训方法。培训方法一般有以下几种：讲授、多媒体教学、演示、参观、讨论、宣传、演练。

工会在劳动保护教育培训工作中要特别注意以下几个问题：一是培训内容要突出针对性；二是培训形式要突出灵活性；三是事例要突出典型性；四是培训效果要注重实效性。

第七节　大力推行劳动安全卫生专项集体合同

一、劳动安全卫生专项集体合同概念

集体合同，又称团体协约、集体协议等，是指工会或者职工推举的职工代表代表职工与用人单位依照法律法规的规定就劳动报酬、工作条件、工作时间、休息休假、劳动安全卫生、职业培训、社会保险福利等事项，在平等协商的基础上所缔结的书面协议。《劳动合同法》第 51 条规定：企业职工一方与用人单位通过平等协商，可以就劳动报酬、工作时间、休息休假、劳动安全卫生、保险福利等事项订立集体合同。集体合同草案应当提交职工代表大会或者全体职工讨论通过。集体合同由工会代表企业职工

一方与用人单位订立；尚未建立工会的用人单位，由上级工会指导劳动者推举的代表与用人单位订立。可见，作为一种契约关系，集体合同是集体协商的结果。

根据集体合同所规定的内容不同，集体合同可分为综合性集体合同和专项集体合同。专项集体合同，是指用人单位与劳动者根据法律、法规、规章的规定，就集体协商的某项内容签订的专项书面协议。专项集体合同的订立、效力及发生争议的处理同集体合同。

劳动安全卫生专项集体合同，是指专门就劳动安全卫生签订的专项集体合同。《劳动合同法》规定，企业职工一方与用人单位可以订立劳动安全卫生、女职工权益保护、工资调整机制等专项集体合同。签订劳动安全卫生专项集体合同能够进一步规范企业与职工双方在生产经营活动中的行为，加强劳动安全卫生的管理和监督，防止和减少安全生产事故与职业病危害事故的发生，维护职工的安全健康合法权益，促进企业健康和谐地稳步发展。

随着保护劳动者权益的认识逐渐深入，劳动安全卫生标准越来越为社会所关注。在已有《劳动法》《工会法》《安全生产法》《职业病防治法》《消防法》等劳动安全卫生法律、法规及标准的前提下，为进一步规范企业与职工双方在生产经营活动中的行为，加强安全生产的管理和监督，防止和减少安全生产事故的发生，维护职工的安全健康合法权益，促进企业高质量发展，依据有关规定，结合某行业、某企业实际订立劳动安全卫生专项集体合同，已经越来越重要。

二、劳动安全卫生专项集体合同的主要内容

劳动安全卫生专项集体合同应当包括以下主要内容。一是执行国家有关劳动保护法律、法规、条例、标准，制定本单位的劳动安全卫生管理制度。二是劳动安全卫生责任制。三是提供符合国家标准的劳动条件、生产设备、设施和生产工具。四是对新建、改建、扩建的工程项目必须进行劳动安全卫生预评价，以保障安全生产设施与主体工程实行"三同时"。五是定期对职工进行劳动安全卫生教育、培训，落实先培训后上岗、每年再

培训、转岗再培训和新工艺、新技术、新设备、新材料、新标准培训制度。六是按照国家及行业规定，向职工发放符合国家标准的劳动保护用品。七是定期组织职工进行健康体检，对从事有毒有害作业的职工按期进行职业健康体检，并做好职业病患者的工作安排、健康检查，落实有关医疗待遇。八是支持工会组织职工开展"查保促"群众性安全生产活动和"安康杯"竞赛活动。九是制定或修改劳动安全卫生规章制度时应有工会组织派员参加，涉及职工安全健康的重大问题，必须经职工代表大会讨论审议通过。十是事故应急救援。十一是工会对本单位违反安全生产法律、法规，侵犯从业人员合法权益的行为，有权要求纠正；发现本单位违章指挥、强令冒险作业或者发现事故隐患时，有权提出解决的建议，单位行政应当及时研究答复；发现危及从业人员生命安全的情况时，有权建议组织从业人员撤离危险场所，单位行政必须立即作出处理。

三、规范劳动安全卫生专项集体合同签订程序

一是提出协商要约。提出协商要约是开展协商和签订集体合同的法定程序。工会和用人单位任何一方均可就签订劳动安全卫生专项集体合同以及相关事宜以书面形式向对方提出进行集体协商的要求。一方提出集体协商要求的，另一方应当在收到集体协商要求之日起20日内以书面形式给予回应，无正当理由不得拒绝进行集体协商。通常情况下由工会方向用人单位方主动提出要约。二是准备工作。基层工会要定期组织职工协商代表深入生产一线，通过座谈、问卷等形式广泛了解本单位不同岗位、不同工种劳动安全卫生状况，了解掌握劳动安全卫生工作的难点和突出问题，了解职工的诉求，并结合本单位状况和承受能力，准确归纳、提炼有代表性的协商议题。还要熟悉与集体协商内容有关的法律、法规、规章和制度，收集了解与集体协商内容有关的情况和资料等。三是产生协商代表。四是召开协商会议，协商会议由双方首席代表轮流主持，本着主体平等、协商一致的原则，就协商议题充分发表意见，达成一致后，双方共同或委托一方整理拟定劳动安全卫生专项集体合同草案。五是召开职代会或者职工大会审议通过并由双方首席代表签字。六是劳动安全卫生专集体合同签订后，

由企业一方及时将集体合同文本 1 式 3 份报送当地人社部门审查备案。七是公示，协商双方应及时将已经生效的劳动安全专项集体合同以适当形式向本方全体人员公布。

基层工会要结合各自实际，既可以同企业单独签订劳动安全卫生专项集体合同，也可以将劳动安全卫生专项集体合同作为本企业集体合同的专章或附件。

第八节　为职工劳动保护争议提供法律支持

为职工劳动保护争议提供法律支持，是工会劳动保护工作的又一重要任务。为了妥善处理劳动保护争议，切实维护职工在劳动安全卫生方面的合法权益，工会应当积极参与劳动保护争议的处理，为职工劳动保护争议处理提供法律支持和帮助。

一、劳动保护争议处理的法律依据

目前，处理劳动保护争议适用的法律、法规主要有：《劳动法》《劳动合同法》《安全生产法》《职业病防治法》《工会法》《女职工劳动保护特别规定》《未成年工特殊劳动保护规定》《工伤保险条例》《矿山安全法》《消防法》《生产安全事故报告和调查处理条例》《国务院关于职工工作时间的规定》《劳动争议调解仲裁法》，等等。

二、参与劳动保护争议的协商

协商是指劳动争议双方当事人就协调劳动关系、解决劳动争议进行商谈的行为。《劳动争议调解仲裁法》规定："发生劳动争议，劳动者可以与用人单位协商，也可以请工会或者第三方共同与用人单位协商，达成和解协议。"因此，因劳动保护发生争议，工会可以接受职工及用人单位请求参与协商，促进劳动保护争议解决。工会发现劳动保护争议，应主动参与协商，及时化解矛盾。双方当事人经协商达成协议的，工会应当督促其自觉履行。

三、主持用人单位劳动保护争议调解

根据《劳动争议调解仲裁法》的规定及工会参加劳动争议调解的实践，工会在劳动保护争议调解中的作用主要包括以下方面。

（一）督促、帮助企业依法建立劳动争议调解委员会，建立健全调解工作制度，充分发挥劳动争议调解委员会的作用。工会还可以在城镇和乡镇企业集中的地方设立区域性劳动争议调解指导委员会，对本区域内发生的劳动争议进行调解。

（二）主持劳动争议调解委员会工作。《劳动争议调解仲裁法》规定："企业劳动争议调解委员会由职工代表和企业代表组成。职工代表由工会成员担任或者由全体职工推举产生，企业代表由企业负责人指定。企业劳动争议调解委员会主任由工会成员或者双方推举的人员担任。"这一规定明确了工会在劳动争议调解委员会中的主导作用。

（三）做好劳动争议调解员的培训工作，提高劳动争议调解员的法律水平、业务能力。

四、参与劳动保护争议仲裁

《工会法》第 29 条第 2 款规定："地方劳动争议仲裁组织应当有同级工会代表参加。"《劳动争议调解仲裁法》第 19 条第 1 款明确规定，"劳动争议仲裁委员会由劳动行政部门代表、工会代表和企业方面代表组成"。《劳动争议调解仲裁法》明确了工会作为职工利益的代表者参加劳动争议仲裁委员会，参与劳动争议仲裁办案的地位和职责，不仅体现了国际通行的劳动争议仲裁三方性原则，而且为工会在仲裁过程中反映职工的利益要求、发表意见提供了有力的法律支持，有助于促使劳动争议公正合理地解决。劳动争议仲裁委员会中的工会代表应当依法履行职责，积极参与仲裁

委员会管辖范围内的劳动争议案件的仲裁工作；工会工作者依法取得仲裁员资格的，由劳动争议仲裁委员会聘为兼职仲裁员，在仲裁工作中与专职仲裁员享有同等的权利。

五、在劳动保护争议仲裁和诉讼中给职工支持和帮助

《工会法》第 22 条规定："企业、事业单位、社会组织处分职工，工会认为不适当的，有权提出意见。用人单位单方面解除职工劳动合同时，应当事先将理由通知工会，工会认为用人单位违反法律、法规和有关合同，要求重新研究处理时，用人单位应当研究工会的意见，并将处理结果书面通知工会。职工认为用人单位侵犯其劳动权益而申请劳动争议仲裁或者向人民法院提起诉讼的，工会应当给予支持和帮助。"工会的法律服务机构，应在劳动争议处理中承担法律咨询、代写法律文书直至担任代理人，为职工解决在劳动争议处理中的困难。

思考题

1. 工会如何参与劳动保护法律法规制定及劳动保护决策？

2. 职工代表大会在劳动保护中有什么作用？

3. 劳动安全卫生检查的基本要求和主要内容是什么？

4. 工会如何参与"三同时"监督？

5. 工会参加生产安全事故和职业病危害事故调查处理的基本要求是什么？

6. 如何深入开展"安康杯"竞赛活动？

7. 如何加强班组安全建设？

8. 工会如何开展劳动保护教育培训？

案例 1

全国"安康杯"竞赛优胜班组是这样炼成的

2023 年 7 月 14 日　来源：《江苏经济报》

近日，江苏华昌化工股份有限公司尿素车间化工一班被中华全国总工

会、应急管理部、国家卫生健康委员会联合授予"全国'安康杯'竞赛优胜班组"荣誉称号。

江苏华昌化工股份有限公司尿素化工一班在车间领导的带领下，紧紧围绕总经理制订的方针目标开展各项工作，通过各种途径，不断增强班组员工的凝聚力和战斗力，加强班组员工队伍建设，培养团队精神，加强执行力，积极配合公司、车间完成各项任务。尿素化工一班多次获得"先进班组""优胜班组"荣誉称号。班组积极参加"安康杯"竞赛活动，使各项管理工作水平有了新的提高，安全生产水平明显提高。

在班组管理方面，尿素化工一班不断修订班组考核条例，狠抓劳动纪律，每班对班组员工进行考核，及时公开，确保班组当班期间生产正常，实现安全生产。根据车间月度产量、质量、消耗目标进行详细分解，将产量计划质量消耗指标落实到每一天的生产中，以班产保日产，以日产保月产，以月产保年产，确保年度目标的顺利完成。不断强化班组管理考核，量化班组分工，确保尿素系统安全稳定运行，确保各项能源消耗控制在指标范围内。班组认真执行工艺指标，严格要求操作人员精心操作、优化系统，不断提高员工工作责任心，努力提高实物产量、提高产品质量和降低消耗，实现全年工艺指标合格率100%、产品质量合格率100%、优等品率≥95%。

严格岗位巡回检查制度，重视每一次点检工作，通过"看、听、摸、闻"及时发现各类隐患，对巡检发现的各类隐患及时处理。严格考核、奖罚分明是安全管理中有力的杠杆，每月对班组级隐患开展一次评比，根据隐患的大小给予不等的班组考核分和奖金奖励。同时评比出隐患排查工作突出的员工，推荐为公司级隐患排查能手，当月安全之星考核可以多加一颗星，每增加10颗星年终安全奖可以增加1000元的奖励，以此来引导全员重视和做好班组级隐患排查工作。

在员工业务培训方面，班组根据实际情况，制订了一对一由班长总负责的培训模式，对新入职、转岗员工指定师傅，签订"传、帮、带"师徒协议，制订培训计划，注重理论实践相结合的培训，以奖励为主，营造良好的班组学习氛围，掀起你追我赶的学习热潮，培养出一批多面型人才和技术骨干，形成了一支技术过硬、凝聚力强的班组团队。尿素化工一班培养了4名"多面手"，通过车间考核，确定4名"多面手"符合条件，享受"多面手"待遇。"多面手"在遇到异常情况时能够及时协助其他岗位操作，为尿素系统稳定、低耗运行奠定基础，为车间完成全年计划生产任务做出突出贡献。

在员工安全培训方面，利用班前班后会，向班组成员交代、总结安全注意事项，及时传达公司、车间文件通知。注重培训形式，组织员工观看安全生产教育视频、安全事故应急演练，模拟班组应急分工操作，使班组员工掌握安全生产知识，提高安全生产意识，了解安全的重要性，加强班组应急处理能力。通过开展多种形式的职工劳动安全卫生知识普及教育活动，提高班组员工劳动安全健康素质。组织动员职工立足班组岗位，结合"安全生产月""百日安全""反三违"等活动，开展隐患排查治理活动；通过召开座谈会、班前班后会等，总结经验教训，提高安全生产警惕性，防患于未然。

尿素化工一班深入宣传学习《安全生产法》《职业病防治法》《危险化学品企业特殊作业安全规范》（GB30871-2022）等相关法律法规以及规范；增强班组职业健康安全意识，积极学习掌握安全生产知识，在广大员工中形成了"我懂安全、我要安全、人人尽责、确保安全"的良好安全生产氛围。加强"安全合格班组"建设，争创"安全放心班组"，通过"隐患排查"活动和"安全之家"创建，不断增强班组员工的凝聚力和战斗力，加强班组员工队伍建设，培养团队精神，加强执行力，积极完成公司、车间各项工作。

班组切实开展安全工器具、安全防护用品（用具）专项检查和反违章活动，深入各操作环节，着重检查安全工器具使用情况和试验合格日期，做好分类统一编号、定期检查检验等日常管理台账，确保安全工器具均在有效期内。通过督查整改，既提高了班组安全工器具的管理水平，又确保了安全工器具的良好性能，真正做到防微杜渐，减少安全隐患，筑牢安全墙。

针对装置可能出现的突发情况，制定详细的应急处理预案，做到定人、定岗、定职责。出现装置急停时，现场操作人员负责的阀门哪些不需要指挥可以直接操作，哪些阀门需要指挥操作，现场人员和控制室操作人员之间的沟通方式，双系统同时停车时如何避免混乱，操作重点和注意事项由谁提醒等均有明确规定。遇到人员请假时，班组要对当天的应急处置人员进行重新分工。定期开展实操演练，确保应急处置预案有效落实，为装置安全长周期稳定运行奠定基础。

班组长朱伟伟表示，"勤学负责、创新变革、超越自我、追求卓越"是华昌的精神，作为华昌的一颗螺丝钉，大家将继续执行好"安全第一、预防为主"的安全方针，始终坚定信念，保持与企业一致的步伐，自加压力，全心全意投身于事业，为实现百年华昌添砖加瓦。（江苏经济报社记者 洪姝翌）

案例 2

北京首份快递业劳动保护集体合同签订
遇特殊天气可终止或减少户外职工工作时间

2019 年 2 月 25 日　来源：中工网—《工人日报》

日前，北京市快递行业工会联合会与市快递协会签订《北京市快递行业 2019 年度劳动保护专项集体合同》，对职工的劳动安全教育和培训、劳动保护、劳动条件改善等方面内容达成一致，双方共同遵守执行。据悉，这是北京市第一份快递行业劳动保护集体合同。

目前，北京市快递行业从业人员 11 万人。北京市快递行业工会联合会调查发现，快递小哥普遍存在工作时间长、劳动强度大、劳动保护条件有待提高以及社会地位不高等情况。

为此，按照"全面建立机制，重点解决问题"的工作要求，北京市快递行业工会联合会积极与快递协会反复沟通、充分讨论，确定就企业和职工都迫切需要的劳动保护开展专项协商。

据介绍，专项合同内容主要包括以下几方面。一是企业及企业工会应加强对职工进行劳动安全教育、培训。二是企业应提供符合国家规定的劳动安全卫生条件和必要的劳动防护用品；根据季节变化，采取具体措施做好防暑降温、防寒保暖工作；在遇到特殊天气时，工会建议终止或减少户外职工工作时间时，企业应予以考虑。三是企业应加强和改善劳动安全条件、劳动防护以及女职工的特殊保护工作；有条件的企业可建立职工之家或职工驿站，为职工配备饮水机、微波炉、淋浴设施等，方便职工热饭、洗澡，让职工体面工作。

"这份劳动保护集体合同为维护快递行业职工的合法权益，规范行业用工秩序，稳定职工队伍，提供了保障。"北京市总工会相关负责人表示，随着对该合同的履行和宣传，快递行业集体协商还要坚持谈下去，协商内容还将不断深化。(记者：郭强　通讯员：白莹)

第十一章　工伤保险

第一节　工伤保险概述

一、工伤保险概念

工伤保险，又称职业伤害保险，是指劳动者在工作中或在规定的特殊情况下，遭受意外伤害或患职业病导致暂时或永久丧失劳动能力以及死亡时，劳动者或其遗属从国家和社会获得物质帮助的一种社会保险制度。工伤保险是通过社会统筹的办法，集中用人单位缴纳的工伤保险费，建立工伤保险基金，对劳动者在生产经营活动中遭受意外伤害或职业病，并由此造成死亡、暂时或永久丧失劳动能力时，给予劳动者及其遗属法定的医疗救治以及必要的经济补偿的一种社会保障制度。这种补偿既包括医疗、康复所需费用，也包括保障基本生活的费用。

工伤保险包含以下两层含义：

（一）工伤发生时劳动者本人可获得物质帮助；

（二）劳动者因工伤死亡时其遗属可获得物质帮助。

二、工伤保险的特点

（一）工伤保险对象的范围是在生产劳动过程中的劳动者。由于职业危害无所不在，无时不在，任何人都不能完全避免职业伤害。因此，工伤保险作为抗御职业危害的保险制度适用于所有职工，任何职工发生工伤事故或遭受职业疾病，都应毫无例外地获得工伤保险待遇。

（二）工伤保险的责任具有赔偿性。工伤保险是基于对工伤职工的赔偿责任而设立的一种社会保险制度，其他社会保险是基于对职工生活困难的帮助和补偿责任而设立的。

（三）工伤保险实行无过错责任原则。无论工伤事故的责任归于用人单位还是职工个人或第三者，用人单位均应承担保险责任。

（四）工伤保险不同于养老保险等险种，劳动者个人不缴纳保险费，全部费用由用人单位负担。即工伤保险的投保人为用人单位。

（五）工伤保险待遇相对优厚，标准较高，但因工伤事故的不同而有所差别。

（六）工伤保险作为社会福利，其保障内容比商业意外保险要丰富。除了在工作时的意外伤害，也包括职业病的报销、急性病猝死保险金、丧葬补助（工伤身故）。

2010年12月20日，国务院第136次常务会议通过了《国务院关于修改〈工伤保险条例〉的决定》（以下简称《决定》）。《决定》对2004年1月1日起施行的《工伤保险条例》作出了修改，扩大了上下班途中的工伤认定范围，同时还规定了除现行规定的机动车事故以外，职工在上下班途中受到非本人主要责任的非机动车交通事故或者城市轨道交通、客运轮渡、火车事故伤害，也应当认定为工伤。

商业意外险包括意外伤害保险、旅游保险、航空意外险等险种，是以被保险人的身体作为保险标的，以被保险人因遭受意外伤害而造成的死亡、残疾、医疗费用支出或暂时丧失劳动能力为给付保险金条件的保险。商业意外险是一种保障范围更宽，保障额度更高的意外险，产品有很多种类，适合各种人群投保。

在赔付方面，医疗费用通常是由工伤保险先报销后，商业保险扣除已赔付部分对剩下的金额进行赔偿。身故或残疾保险金则是分别按照约定额度给付，不存在冲突现象。通常建议将商业意外险作为工伤保险的补充和完善。

三、工伤保险的作用

（一）工伤保险作为社会保险制度的一个组成部分，是国家通过立法强制实施的，是国家对职工履行的社会责任，也是职工应该享受的基本权利。工伤保险的实施是人类文明和社会发展的标志和成果。

（二）实行工伤保险保障了工伤职工医疗以及其基本生活、伤残抚恤和遗属抚恤，在一定程度上解除了职工和家属的后顾之忧。工伤补偿体现出国家和社会对职工的尊重，有利于提高他们的劳动积极性。

（三）建立工伤保险有利于促进安全生产，保护和发展社会生产力。工伤保险与生产单位改善劳动条件、防病防伤、安全教育、医疗康复、社会服务等工作紧密相连，对提高生产经营单位和职工的安全生产，防止或减少工伤、职业病，保护职工的身体健康，至关重要。

（四）分散风险，提高企业承担风险的能力。工伤事故发生后，支付的工伤待遇较高，企业可能很难承担，通过保险的方式，可以分摊风险，提高企业承担风险的能力。

（五）工伤保险保障了受伤害职工的合法权益，有利于妥善处理事故和恢复生产，维护正常的生产、生活秩序，维护社会和谐稳定。

第二节　工伤保险基本制度

一、工伤保险的归责原则

（一）我国工伤保险的归责原则

工伤赔偿的归责原则，是指工伤事故发生后由谁承担赔偿责任的准则。历史上，工伤赔偿的归责原则经历过不同的发展阶段，由最初的过错责任原则，也就是行为人在发生工伤事故时，只有被证明是有责任的就要承担责任，否则，不用承担。发展到现在的无过错归责原则（也称为补偿不究过失原则），也就是指只要发生工伤事故，不究过失在谁，企业主无论是否有过失，均应承担赔偿责任。

我国工伤保险实行无过错责任原则，故而劳动者没有过错的证明责任。

（二）特殊情况下工伤保险的归责原则

在我国立法中，还就用人单位承担工伤保险责任的若干特殊情况作了规定。其主要内容如下。

1.用人单位分立、合并、转让的，继承单位应当承担原用人单位的工伤保险责任；原用人单位已经参加工伤保险的，继承单位应当到当地经办机构办理工伤保险变更登记。

2.用人单位实行承包经营的，工伤保险责任由职工劳动关系所在单位承担。

3.职工被借调期间受到工伤事故伤害的，由原用人单位承担工伤保险责任，但原用人单位与借调单位可以约定补偿办法。

4.企业破产的，在破产清算时依法拨付应由用人单位支付的工伤保险待遇费用。

5.职工被派遣出境工作，依据前往国家或地区的法律应当参加当地工伤保险的，参加当地工伤保险，其国内工伤保险关系中止；不能参加当地工伤保险的，其国内工伤保险关系不中止。

6.职工再次发生工伤，根据规定应该享有伤残津贴的，按照新认定的伤残等级享受伤残津贴待遇。

二、工伤的认定

(一) 工伤认定的积极实体条件

工伤，就是职业伤害，是指因工作过程中或者与工作有关的突发事故导致的伤害，或者因工作环境和条件长时间侵害职工健康造成的职业病，它不同于一般的伤害最根本特征，就在于它与工作有关。根据《工伤保险条例》第14条规定，职工有下列情形之一的，应当认定为工伤：

1.在工作时间和工作场所内，因工作原因受到事故伤害的；

2.工作时间前后在工作场所内，从事与工作有关的预备性或者收尾性工作受到事故伤害的；

3.在工作时间和工作场所内，因履行工作职责受到暴力等意外伤害的；

4.患职业病的；

5.因工外出期间，由于工作原因受到伤害或者发生事故下落不明的；

6.在上下班途中，受到非本人主要责任的交通事故或者城市轨道交通、客运轮渡、火车事故伤害的；

7.法律、行政法规规定应当认定为工伤的其他情形。

同时，根据《工伤保险条例》第 15 条的规定，职工有下列情形之一的，视同工伤：

1.在工作时间和工作岗位，突发疾病死亡或者在 48 小时之内经抢救无效死亡的；

2.在抢险救灾等维护国家利益、公共利益活动中受到伤害的；

3.职工原在军队服役，因战、因公负伤致残，已取得革命伤残军人证，到用人单位后旧伤复发的。

（二）工伤保险认定的消极实体条件

根据《工伤保险条例》第 16 条规定，符合本条例第 14 条、第 15 条的规定，但有下列情形之一的，不得认定为工伤或视同工伤：

1.故意犯罪的；

2.醉酒或者吸毒的；

3.自残或者自杀的。

（三）工伤认定的程序条件

根据《工伤保险条例》规定，职工发生事故伤害，所在单位应当自事故伤害发生之日起 30 日内，向统筹地区社会保险行政部门提出工伤认定申请。用人单位未提出工伤认定申请的，工伤职工或者其直系亲属、工会组织自事故伤害发生之日起 1 年内，可以直接向用人单位所在地统筹地区社会保险行政部门提出工伤认定申请。

根据《工伤保险条例》第 18 条规定，提出工伤认定申请应当提交下列材料：

1.工伤认定申请表；

2.与用人单位存在劳动关系（包括事实劳动关系）的证明材料；

3.医疗诊断证明或者职业病诊断证明书（或者职业病诊断鉴定书）。

工伤认定申请表应当包括事故发生的时间、地点、原因以及职工伤害程度等基本情况。

工伤认定申请人提供材料不完整的，社会保险行政部门应当一次性书面告知工伤认定申请人需要补正的全部材料。申请人按照书面告知要求补正材料后，社会保险行政部门应当受理。

（四）劳动能力鉴定

1.劳动能力鉴定的概念

劳动能力鉴定是指劳动者因工或非因工负伤以及患病后，劳动鉴定机构根据国家鉴定标准，运用有关政策和医学科学技术的方法、手段确定劳动者伤残程度和丧失劳动能力程度的一种综合评定。它是给予受伤害职工保险待遇的基础和前提条件，也是工伤保险管理工作的重要内容。《工伤保险条例》规定："职工发生工伤，经治疗伤情相对稳定后存在残疾、影响劳动能力的，应当进行劳动能力鉴定。"

劳动能力鉴定标准是劳动能力鉴定时所依据的尺度，是确定工伤职工伤残等级的标准，根据《工伤保险条例》的有关规定，劳动能力鉴定是指劳动功能障碍程度和生活自理障碍程度的等级鉴定。劳动能力鉴定标准由国务院社会保险行政部门会同国务院卫生行政部门等部门制定。《关于劳动能力鉴定有关问题的通知》规定，工伤职工劳动能力鉴定标准暂按《职工工伤与职业病致残程度鉴定》。这是工伤鉴定的国家标准，劳动功能障碍分为10个伤残等级，最重的为1级，最轻的为10级。其中，符合标准1—4级的为全部丧失劳动能力，5级、6级的为大部分丧失劳动能力，7—10级的为部分丧失劳动能力。生活自理障碍分为3个等级：生活完全不能自理、生活大部分不能自理和生活部分不能自理。对于职工非因工伤残或因病丧失劳动能力后的劳动能力鉴定，是以劳动保障部2002年4月发布的《职工非因工伤残或因病丧失劳动能力程度鉴定标准（试行）》作为劳动能力鉴定的标准。该标准是劳动者由于非因工伤残或因病后，于有关法规所规定的医疗期满或医疗终结时通过医学检查对伤残失能程度作出判定结论的准则和依据。

2.劳动能力鉴定的程序

（1）将申请书及报送材料分类、分科整理、登记。

（2）通知用人单位和被鉴定人有关鉴定事宜（如：鉴定的时间、地点、注意事项等），并组织协调鉴定工作。

（3）指定劳动鉴定医院、聘用劳动鉴定专家组成技术鉴定组。

（4）劳动鉴定医院指定合格的医生根据被鉴定人受伤的部位或病情进行检查，写出诊断报告；鉴定专家组对被鉴定人及材料进行技术鉴定并写出鉴定意见。

（5）劳动鉴定委员会依据国家标准、劳动法规及鉴定意见作出鉴定结论。

3.鉴定回避

劳动鉴定委员会办公室的工作人员及劳动鉴定专家有下列情形之一的，用人单位及被鉴定人有权以口头或者书面方式申请其回避：

（1）是用人单位法定代表人或主要负责人、被鉴定人的近亲属；

（2）与被鉴定人及用人单位有利害关系的；

（3）与被鉴定人及用人单位有其他关系可能影响公正作出鉴定结论的。

劳动鉴定委员会办公室的工作人员的回避由劳动鉴定委员会主任决定；劳动鉴定专家的回避由劳动鉴定委员会办公室负责人决定。

劳动鉴定委员会主任及办公室负责人对回避申请应7日内作出决定，并以口头或书面方式通知用人单位和被鉴定人。

4.鉴定结论

（1）劳动鉴定委员会依据国家标准、劳动法规及鉴定意见作出鉴定结论。

（2）用人单位或被鉴定人对劳动鉴定委员会作出的鉴定结论不服的，可以向当地劳动鉴定委员会申请复查；对复查鉴定结论不服的，可以向上一级劳动鉴定委员会申请重新鉴定。复查鉴定的最终结论由省劳动鉴定委员会作出。

（3）各级劳动鉴定委员会主任对本委员会已经作出的鉴定结论，发现确有错误，需重新鉴定的，应提交鉴定委员会决定是否重新鉴定。决定重新鉴定的，由鉴定委员会决定撤销原鉴定结论。

费期间的，由用人单位支付。但属于下列情况之一，其鉴定（确认）费和相关检查费由申请者承担：

（1）鉴定（确认）结果为疾病与工伤无关联；

（2）供养亲属未完全丧失劳动能力；

（3）再次鉴定（确认）结论没有变化的；

（4）其他受委托鉴定（确认）的。

鉴定（确认）费按市物价部门核定的标准执行。相关检查费按市物价部门核定的医疗收费标准由医疗机构据实收取。

三、工伤保险的缴费和待遇

（一）工伤保险的缴费

1. 工伤保险的缴费主体

根据《中华人民共和国社会保险法》规定，职工应当参加工伤保险，由用人单位缴纳工伤保险费，职工不缴纳工伤保险费。用人单位缴纳工伤保险费的数额为本单位职工工资总额乘以单位缴费费率之积。

2. 工伤保险费率

工伤保险费率是指社会保险经办机构在一定时期计算和征收工伤保险费（税）的比率。工伤保险费根据以支定收、收支平衡的原则，确定费率。国家根据不同行业的工伤风险程度确定行业的差别费率，并根据使用工伤保险基金、工伤发生率等情况在每个行业内确定费率档次。

行业差别费率和行业内费率档次由国务院社会保险行政部门制定，报国务院批准后公布施行。社会保险经办机构根据用人单位使用工伤保险基金、工伤发生率和所属行业费率档次等情况，确定用人单位缴费费率。用人单位应当按照本单位职工工资总额，根据社会保险经办机构确定的费率缴纳工伤保险费。

从2015年10月1日起，工伤保险平均费率由1%降至0.75%，并根据行业风险程度细化基准费率档次。新政策将原有的3类行业重新细分为8类行业，并重新确定了基准费率标准。1至8类的基准费率分别为该行业用人单位职工工资总额的 0.2%、0.4%、0.7%、0.9%、1.1%、1.3%、1.6%、1.9%，最高基准费率是最低基准费率的 8.5 倍。2018 年 5 月 1 日起，经国务院常务会议确定，符合条件的地区再下调工伤保险费率 20% 或 50%。

(二) 工伤保险的待遇

根据《中华人民共和国社会保险法》规定，职工因工作原因受到事故伤害或者患职业病，且经工伤认定的，享受工伤保险待遇；其中，经劳动能力鉴定丧失劳动能力的，享受伤残待遇。

1.工伤医疗待遇

职工治疗工伤应当在签订服务协议的医疗机构就医，情况紧急时可以先到就近的医疗机构急救。工伤医疗待遇是指职工治疗工伤按规定报销医疗费用和有关补助待遇。工伤医疗待遇主要包括以下内容。

(1) 工伤职工治疗工伤或职业病所需的挂号费、住院费、医疗费、药费、就医路费全额报销。

(2) 工伤职工需要住院治疗的，按照当地因公出差伙食补助标准的 70% 发给住院伙食补助费；经批准转外地治疗的，所需交通、食宿费用按照本企业职工因公出差标准报销。

(3) 工伤医疗期 (停工留薪期) 满后仍需治疗的，或者评残后旧伤复发的，继续享受工伤医疗待遇。

(4) 生活不能自理的工伤职工在停工留薪期需要护理的，由所在单位负责。

2.工伤治疗期间待遇

职工因工作遭受事故伤害或者患职业病需要暂停工作接受工伤医疗的，在停工留薪期内，原工资福利待遇不变，由所在单位按月支付。停工留薪期一般不超过 12 个月。伤情严重或者情况特殊，经设区的市级劳动能力鉴定委员会确认，可以适当延长，但延长不得超过 12 个月。工伤职工评定伤残等级后，停发原待遇，按照《工伤保险条例》的有关规定享受伤残待遇。工伤职工在停工留薪期满后仍需治疗的，继续享受工伤医疗待遇。

生活不能自理的工伤职工在停工留薪期需要护理的，由所在单位负责。

3.生活护理费

生活护理费是指工伤职工在停工留薪期生活不能自理而需要护理的，以及工伤职工已经评定伤残等级并经劳动能力鉴定委员会确认需要生活护理的，从其所在单位获得的或从工伤保险基金中获得的支付该生活护理所需的必要费用。工伤职工生活不能自理，接受护理是其基本人身权利的体现，也与工伤事故存在相当的因果关系，自然应当获得必要的赔偿。工伤职工已经评定伤残等级并经劳动能力鉴定委员会确认需要生活护理的，从工伤保险基金按月支付生活护理费。生活护理费按照生活完全不能自理、生活大部分不能自理或者生活部分不能自理 3 个不同等级支付，其标准分别为统筹地区上年度职工月平均工资的 50%、40% 或者 30%。

4.伤残辅助工具待遇

工伤职工因日常生活或者就业需要，经劳动能力鉴定委员会确认，可以安装假肢、矫形器、假眼、假牙和配置轮椅等辅助器具，所需费用按照国家规定的标准从工伤保险基金中支付。

5.一级至四级工伤待遇

职工因工致残被鉴定为一级至四级伤残的，保留劳动关系，退出工作岗位，享受以下待遇。

从工伤保险基金按伤残等级支付一次性伤残补助金，标准为：一级伤残为 27 个月的本人工资，二级伤残为 25 个月的本人工资，三级伤残为 23 个月的本人工资，四级伤残为 21 个月的本人工资。

从工伤保险基金按月支付伤残津贴，标准为：一级伤残为本人工资的 90%，二级伤残为本人工资的 85%，三级伤残为本人工资的 80%，四级伤残为本人工资的 75%。伤残津贴实际金额低于当地最低工资标准的，由工伤保险基金补足差额。

工伤职工达到退休年龄并办理退休手续后，停发伤残津贴，按照国家有关规定享受基本养老保险待遇。基本养老保险待遇低于伤残津贴的，由工伤保险基金补足差额。

职工因工致残被鉴定为一级至四级伤残的，由用人单位和职工个人以伤残津贴为基数，缴纳基本医疗保险费。

6.五级至六级工伤待遇

职工因工致残被鉴定为五级、六级伤残的，享受以下待遇。

从工伤保险基金按伤残等级支付一次性伤残补助金，标准为：五级伤残为18个月的本人工资，六级伤残为16个月的本人工资。

保留与用人单位的劳动关系，由用人单位安排适当工作。难以安排工作的，由用人单位按月发给伤残津贴，标准为：五级伤残为本人工资的70%，六级伤残为本人工资的60%，并由用人单位按照规定为其缴纳应缴纳的各项社会保险费。伤残津贴实际金额低于当地最低工资标准的，由用人单位补足差额。

经工伤职工本人提出，该职工可以与用人单位解除或者终止劳动关系，由工伤保险基金支付一次性工伤医疗补助金，由用人单位支付一次性伤残就业补助金。一次性工伤医疗补助金和一次性伤残就业补助金的具体标准由省、自治区、直辖市人民政府规定。

7.七级至十级工伤待遇

职工因工致残被鉴定为七级至十级伤残的，享受以下待遇。

从工伤保险基金按伤残等级支付一次性伤残补助金，标准为：七级伤残为13个月的本人工资，八级伤残为11个月的本人工资，九级伤残为9个月的本人工资，十级伤残为7个月的本人工资。

劳动、聘用合同期满终止，或者职工本人提出解除劳动、聘用合同的，由工伤保险基金支付一次性工伤医疗补助金，由用人单位支付一次性伤残就业补助金。一次性工伤医疗补助金和一次性伤残就业补助金的具体标准由省、自治区、直辖市人民政府规定。

8.工亡待遇

工亡待遇是指职工因工发生工伤死亡事故后对其直系亲属的一种补救和补偿，其作用是使工亡职工遗属的基本生活得到保障。工亡待遇的高低，项目的多少，取决于国家或该地区的经济发展水平和人们的社会生活水平。

按照《工伤保险条例》规定，工亡待遇主要有 3 项：丧葬补助金、供养亲属抚恤金和一次性工亡补助金。

工亡待遇的支付渠道：一般为工伤保险基金。如果用人单位没有为职工办理工伤保险，则由用人单位承担。具体标准的法律依据为《工伤保险条例》。

职工因工死亡，其近亲属按照下列规定从工伤保险基金领取丧葬补助金、供养亲属抚恤金和一次性工亡补助金：

丧葬补助金为 6 个月的统筹地区上年度职工月平均工资。

供养亲属抚恤金按照职工本人工资的一定比例发给由因工死亡职工生前提供主要生活来源、无劳动能力的亲属。标准为：配偶每月 40%，其他亲属每人每月 30%，孤寡老人或者孤儿每人每月在上述标准的基础上增加 10%。核定的各供养亲属的抚恤金之和不应高于因工死亡职工生前的工资。供养亲属的具体范围由国务院社会保险行政部门规定。

一次性工亡补助金标准为上一年度全国城镇居民人均可支配收入的 20 倍。

伤残职工在停工留薪期内因工伤导致死亡的，其近亲属享受《工伤保险条例》第 39 条第 1 款规定的待遇。

一级至四级伤残职工在停工留薪期满后死亡的，其近亲属可以享受《工伤保险条例》第 39 条第 1 款第（1）项、第（2）项规定的待遇。

9.职工抢险救灾、因公外出下落不明时的处理

职工因工外出期间发生事故或者在抢险救灾中下落不明的，从事故发生当月起 3 个月内照发工资，从第 4 个月起停发工资，由工伤保险基金向其供养亲属按月支付供养亲属抚恤金。生活有困难的，可以预支一次性工亡补助金的 50%。职工被人民法院宣告死亡的，按照《工伤保险条例》第 39 条职工因工死亡的规定处理。

10.再次发生工伤的待遇

职工再次发生工伤，根据规定应当享受伤残津贴的，按照新认定的伤残等级享受伤残津贴待遇。工伤职工再次发生工伤，与工伤职工工伤复发

不同，它是指工伤职工遭受两次或两次以上的工伤事故或患职业病，在前次工伤事故造成的病情经治疗并经劳动能力鉴定确定伤残等级后，再次遭受工伤事故或患职业病，后者加剧了工伤职工的病情。这类人群在治疗后，需经劳动能力鉴定委员会按照《职工工伤与职业病致残程度标准》重新评定伤残等级。如果被重新确定伤残等级，根据规定应当享受伤残待遇的，就要按照新认定的伤残等级享受相应的伤残津贴待遇；如果根据规定不能享受伤残待遇的，则不提供相应的伤残津贴待遇。

11.停止享受工伤保险待遇的情形

(1) 丧失享受待遇条件的；

(2) 拒不接受劳动能力鉴定的；

(3) 拒绝治疗的。

第三节　工伤保险监督管理

一、社会保险行政部门的监督

社会保险行政部门依法对工伤保险费的征缴和工伤保险基金的支付情况进行监督。

(一) 经办机构的监督

1.经办机构具体承办工伤保险事务，履行下列职责：

(1) 根据省、自治区、直辖市人民政府规定，征收工伤保险费；

(2) 核查用人单位的工资总额和职工人数，办理工伤保险登记，并负责保存用人单位缴费和职工享受工伤保险待遇情况的记录；

(3) 进行工伤保险的调查、统计；

(4) 按照规定管理工伤保险基金的支出；

(5) 按照规定核定工伤保险待遇；

（6）为工伤职工或者其直系亲属免费提供咨询服务。

2.各级社会保险经办机构应当建立健全内部审计制度。

3.经办机构与医疗机构、辅助器具配置机构在平等协商的基础上签订服务协议，并公布签订服务协议的医疗机构、辅助器具配置机构的名单。具体办法由国务院社会保险行政部门分别会同国务院卫生行政部门、民政部门等制定。

4.经办机构按照协议和国家有关目录、标准对工伤职工医疗费用、康复费用、辅助器具费用的使用情况进行核查，并按时足额结算费用。

5.经办机构应当定期公布工伤保险基金的收支情况，及时向社会保险行政部门提出调整费率的建议。

6.社会保险行政部门、经办机构应当定期与医疗机构、辅助器具配置机构在平等协商的基础上签订服务协议，并公布签订服务协议的医疗机构、辅助器具配置机构的名单。具体办法由国务院社会保险行政部门分别会同国务院卫生行政部门、民政部门等部门制定。

（二）财政部门和审计机关的监督

财政部门和审计机关依法对工伤保险基金的收支、管理情况进行监督。

（三）社会保险监督委员会的监督

社会保险监督委员会依法对工伤保险基金的收支、管理情况实施社会监督。

二、工会组织的监督

工会组织依法维护工伤职工的合法权益，对用人单位的工伤保险工作实行监督。

三、用人单位和职工的监督

职工有权监督用人单位参加工伤保险及缴费情况。用人单位应当向职工如实通告因工伤亡、参加工伤保险和缴费情况。

用人单位和职工有权向社会保险费征收机构和社会保险经办机构查询本单位工伤保险缴费和工伤保险待遇支付情况。社会保险费征收机构和社会保险经办机构应当提供相应的查询、咨询服务。

四、职工与用人单位发生工伤待遇方面的争议处理

职工与用人单位发生工伤待遇方面的争议，按照处理劳动争议的有关规定处理。有下列情形之一的，有关单位或者个人可以依法申请行政复议，也可以依法向人民法院提起诉讼：

（一）申请工伤认定的职工或者其近亲属、该职工所在单位对工伤认定申请不予受理的决定不服的；

（二）申请工伤认定的职工或者其近亲属、该职工所在单位对工伤认定结论不服的；

（三）用人单位对社会保险经办机构确定的单位缴费费率不服的；

（四）签订服务协议的医疗机构、辅助器具配置机构认为社会保险经办机构未履行有关协议或者规定的；

（五）工伤职工或者其近亲属对经办机构核定的工伤保险待遇有异议的。

思考题

1.什么是工伤保险？工伤保险有哪些特点？

2.工伤保险的作用是什么？

3.简述工伤保险归责原则。

4.工伤认定的条件是什么？

5.工伤认定的程序有哪些？

6.如何进行劳动能力鉴定？

7.工伤保险费如何缴纳？

8.简述工伤保险待遇。

9.职工与用人单位发生工伤待遇方面的争议如何处理？

📖 **案例1**

工伤案件中停工留薪工资标准如何确定

【基本案情】

2021年1月，庞某到 X 公司从事木工工作，同年1月26日庞某在工作时受伤，被送往医院住院治疗，其所受事故伤害被认定为工伤。2021年4月，当地劳动能力鉴定委员会认定庞某停工留薪期为3个月。后庞某依法向劳动人事争议调解仲裁委员会申请仲裁，11月4日劳动人事争议调解仲裁委员会作出裁决，判令 X 公司按日工资200元，扣除已赔付的9775元，还应赔偿庞某停工留薪期工资3275元。庞某不服该仲裁裁决，诉至法院，主张 X 公司应按照日工资425元赔付停工留薪期工资。

【处理结果】

停工留薪期工资应按照日工资425元计算为38250元（425元×90天），扣除已经赔付的9775元后，X 公司还应实际支付庞某工资款28475元。

【案例分析】

工资是劳动关系中的核心，是劳动者付出体力或脑力劳动后所应得的对价。司法实践中，工伤案件中职工停工留薪期工资标准的确定不能简单依据劳动合同中约定的工资数额，亦不可依据劳动者的基本工资数额，更不可依据同期职工最低工资标准，而应依据受伤职工正常工作期间的实际工资福利收入，即受伤职工在正常工作期间由用人单位以货币形式直接支付给劳动者劳动的报酬，包括计时工资、计件工资、奖金、津贴、加班费等。本案中，庞某在 X 公司处工作受伤，根据《工伤保险条例》规定："职工因工作遭受事故伤害或者患职业病需要暂停工作接受工伤医疗的，在停工留薪期内，原工资福利待遇不变，由所在单位按月支付"。庞某主张日工资425元，提交的工资发放明细、日工资标准照片、工头微信转账截图、证人证言等证据之间能够相互印证，可以认定。故停工留薪期工资应按照日工资425元计算为38250元（425元×90天），扣除已经赔付的9775元后，X 公司还应实际支付庞某工资款28475元。

案例 2

农民工权利要保障，超退休年龄亦工伤

【案情简介】

赵女士是一名进城务工人员，她与 D 公司签订了《劳务协议书》，劳务内容"保洁卫生"。2017 年某日，赵女士在完成清扫工作后去打卡点打卡的途中，行至某路口发生非本人主要责任的交通事故受伤。2018 年，法院作出生效判决，认定赵女士与 D 公司存在劳动关系。后赵女士向怀柔人社局申请工伤认定，怀柔人社局认定赵女士所受伤害符合《工伤保险条例》第 14 条第（1）项之规定，作出认定工伤决定书。D 公司不服申请行政复议，市人社局作出维持的行政复议决定书。D 公司认为其和赵女士之间系劳务关系、赵女士超过法定退休年龄无法缴纳社会保险，因此不能适用《工伤保险条例》的规定认定工伤。故诉至我院，请求撤销认定工伤决定和行政复议决定。

【法官说法】

《工伤保险条例》第 14 条第（1）项规定，职工在工作时间和工作场所内因工作原因受到事故伤害的，应当认定为工伤。本案中，生效民事判决认定赵女士与 D 公司存在劳动关系，故赵女士在工作时间、工作场所下班打卡过程中遭受交通事故伤害，符合上述规定。国家设立工伤保险制度的目的是对因工作遭受事故伤害或患职业病的职工及时救助和补偿，是否参加工伤保险只关系工伤保险能否支付工伤待遇的问题，并不影响工伤认定。对此《工伤保险条例》第 62 条第 2 款作出了明确规定，即应当参加工伤保险而未参加工伤保险的，用人单位职工发生工伤的由该用人单位按照本条例规定的工伤保险待遇项目和标准支付费用。因此，判决驳回 D 公司的诉请求。

1. 工会劳动保护监督检查员工作条例

（总工发〔2001〕16 号　2001 年 12 月 31 日）

第一条　为履行工会劳动保护监督检查的职责，维护职工在劳动过程中的安全与健康，根据《中华人民共和国工会法》《中华人民共和国劳动法》和国家有关劳动安全卫生法律法规的规定，制定本条例。

第二条　工会组织依法履行劳动保护监督检查职责，建立劳动保护监督检查制度，对安全生产工作实行群众监督，维护职工的合法权益。

第三条　在县（含）以上总工会、产业工会中设立工会劳动保护监督检查员。可聘请有关方面熟悉劳动保护业务的人员担任兼职工会劳动保护监督检查员。

第四条　中华全国总工会，省、自治区、直辖市总工会，全国产业工会，省辖市总工会对工会劳动保护监督检查员有审批任命权。

省、自治区、直辖市总工会，全国产业工会和中华全国总工会有关部门的工会劳动保护监督检查员由中华全国总工会审批任命。

省辖市总工会、省产业工会的工会劳动保护监督检查员由省、自治区、直辖市总工会、全国产业工会审批任命，报中华全国总工会备案。

县级总工会的劳动保护监督检查员由省辖市总工会审批任命，报省、自治区、直辖市总工会备案。

工会劳动保护监督检查员由其所隶属的工会组织考核、申报。

工会劳动保护监督检查员证件由中华全国总工会统一印制。

第五条 工会劳动保护监督检查员在其所隶属的工会组织领导下工作，代表工会组织依法实施劳动保护监督检查；也可受任命机关委托，代表任命机关执行监督检查任务。

第六条 工会劳动保护监督检查员应具有大专以上文化程度、具有一定的生产实践经验，并从事工会劳动保护工作一年以上，应有较高的政策、业务水平，熟悉和掌握有关劳动安全卫生法律法规和劳动保护业务；科级以上、从事五年以上劳动保护工作的工会干部也可以担任工会劳动保护监督检查员。工会劳动保护监督检查员任命前必须经过劳动保护岗位培训，考核合格。

第七条 工会劳动保护监督检查员代表工会组织行使下列职权。

（一）参与劳动安全卫生法律法规、标准和重大决策、措施的制定，监督劳动安全卫生法律法规和政策的贯彻执行。

（二）监督检查本地区、行业和企事业的劳动安全卫生工作，对劳动安全卫生状况进行分析，对危害职工劳动安全与健康的问题进行调查，向政府及有关部门、企事业单位反映需要解决的问题，提出整改治理的建议。

（三）制止违章指挥、违章作业。在监督检查时，发现存在事故隐患、职业危害和违反国家劳动安全卫生法律法规的问题，有权要求企事业进行整改，监督企事业采取防范事故和职业危害的措施；发现严重存在事故隐患或职业危害的，提请所隶属的工会组织向企事业单位发出书面整改建议，并督促企事业单位解决；对拒不整改的，提请政府有关部门采取强制性措施。

（四）在生产过程中发现明显重大事故隐患和严重职业危害，并危及职工生命安全的紧急情况时，有权向企事业行政或现场指挥人员要求采取紧急措施，包括立即从危险区内撤出作业人员。同时支持或组织职工采取必要的避险措施并立即报告。

（五）依法参加职工伤亡事故的调查和处理，监督企事业单位采取防范措施，对造成伤亡事故和经济损失的责任者，提出处理意见。对触犯刑律的责任者，建议追究其法律责任。

（六）参加新建、扩建和技术改造工程项目劳动安全卫生设施的设计审查和竣工验收，对劳动条件和安全卫生设施存在的问题提出意见和建议。

（七）监督和协助企事业单位严格执行国家劳动安全卫生规程和标准，建立、健全劳动安全卫生制度；监督检查劳动安全卫生设施；监督检查技术措施计划的执行及经费投入、使用的情况；监督检查企事业单位的安全生产状况。

（八）支持基层工会劳动保护监督检查委员会和工会小组劳动保护检查员开展工作，在劳动保护业务上给予指导。

第八条　工会劳动保护监督检查员履行下列义务。

（一）严格执行国家法律法规和政策，实事求是，坚持原则，联系群众，依法监督。

（二）宣传国家劳动安全卫生法律法规和政策，教育职工遵守国家有关劳动安全卫生的各项法律法规和企事业单位的规章制度，推广先进的安全管理方法、预防事故和职业危害技术。

（三）与政府有关部门密切合作。

（四）学习相关知识，提高自身素质，适应工会劳动保护监督检查工作的要求。

第九条　工会劳动保护监督检查员执行任务时，应出示《工会劳动保护监督检查员证》。实施监督检查时，企事业单位应予以配合，提供方便。对拒绝或阻挠监督检查员工作的单位和个人，提请有关部门严肃处理。

第十条　工会劳动保护监督检查员应定期向其所隶属的工会汇报工作。受任命机关委托执行监督检查任务时，应向任命机关提交专题报告。

第十一条　工会组织对工会劳动保护监督检查员进行管理、业务指导和定期培训。

第十二条　任命机关定期考核工会劳动保护监督检查员的工作。对成绩显著者给予表彰奖励，对失职者取消其监督检查员资格。

第十三条　工会劳动保护监督检查员所隶属的工会组织为其开展工作提供交通、通讯等工作条件和必要的工作经费。工会劳动保护监督检查员按规定享受个人防护用品、保健津贴等待遇。

第十四条 各省、自治区、直辖市总工会和全国产业工会根据本地区、本行业具体情况，制订实施细则。

第十五条 本条例解释权属中华全国总工会。

第十六条 本条例自颁布之日起实施。

2. 基层工会劳动保护监督检查委员会工作条例

(总工发〔2001〕16 号 2001 年 12 月 31 日)

第一条 为发挥基层工会劳动保护监督检查作用，维护职工在劳动过程中的安全与健康，根据《中华人民共和国工会法》《中华人民共和国劳动法》和国家劳动安全卫生法律法规的有关规定，制定本条例。

第二条 企事业工会及所属分厂、车间工会设立工会劳动保护监督检查委员会（或工会劳动保护监督检查小组，下同）。

乡镇工会、城市街道工会及基层工会联合会也可设立工会劳动保护监督检查委员会。

工会劳动保护监督检查委员会在同级工会领导下开展工作。

第三条 工会劳动保护监督检查委员会委员由同级工会提名，报上级工会备案。

第四条 工会劳动保护监督检查委员会设主任委员 1 人，副主任委员 1~2 人，委员若干人，女职工相对集中的单位，应设女职工委员会，主任委员应由工会委员会主席或副主席担任。

工会劳动保护监督检查委员会委员由熟悉劳动保护业务、热心劳动保护工会的工会干部和生产一线的职工担任。工会劳动保护监督检查委员会委员也可聘请行政管理人员担任，但不得超过委员会总人数的三分之一。

第五条 根据需要，工会劳动保护监督检查委员会的工作可与职工

（代表）大会的专门委员会的工作相结合。

第六条　工会劳动保护监督检查委员会的职权。

（一）监督和协助本单位贯彻执行国家劳动安全卫生法律法规，监督落实安全生产责任制和规章制度，参加涉及职工劳动安全与健康规章制度的制定，参与本单位劳动安全卫生措施、计划和经费投入等方案的制定和实施，对劳动安全卫生的决策、措施提出意见和建议。

（二）定期分析研究劳动安全卫生状况，向企事业单位和有关方面反映职工对劳动安全卫生工作的意见、建议和要求。督促和协助企事业单位解决劳动安全卫生方面存在的问题，改善劳动条件和作业环境。

（三）参与本单位集体合同中关于劳动安全卫生、工作时间、休息休假和工伤保险等条款的协商与制定，维护职工劳动安全卫生的权利、休息休假的权利和享受工伤保险的权利。对集体合同、劳动合同中劳动安全卫生条款的执行情况进行监督检查。

（四）制止违章指挥、违章作业。组织或协同行政进行安全生产检查，组织职工代表对劳动安全卫生工作进行督查。对事故隐患和职业危害作业点建立档案，监督整改和治理，并督促企事业单位防范事故和职业危害。

（五）对违反国家法律法规、不符合劳动安全卫生标准规定的问题，提出整改意见；问题严重的，向企事业行政提出书面整改意见；对拒不整改的，要求政府有关部门采取强制性措施。

（六）监督检查新建、扩建和技术改造工程项目的劳动安全卫生设施与主体工程同时设计、同时施工、同时投产使用。

（七）参加职工伤亡事故调查和处理，查清事故原因和责任，提出对事故责任者的处理意见，监督和协助企事业单位采取防范措施。对发生的职工伤亡事故和职业病进行研究、分析，总结教训，提出建议。

（八）在生产过程中发现明显重大事故隐患和严重职业危害，并危及职工生命安全的紧急情况时，要求企事业行政或现场指挥人员采取紧急措施，包括立即从危险区内撤出作业人员。同时支持或组织职工采取必要的避险措施并立即报告。

（九）宣传国家劳动安全卫生法律法规、政策及企事业的规章制度，结合实际情况，组织和发动职工开展安全生产活动，教育职工遵章守纪，提高职工的安全意识和技能。

（十）督促企事业单位按国家有关规定发放劳动安全卫生防护用品、用具，监督企事业单位定期对职工进行健康检查。监督企事业单位履行对职业病人的诊断、治疗和康复的责任，督促落实工伤待遇及职业病损害赔偿。监督和协助企事业单位落实女职工和未成年工特殊保护的有关规定。

第七条 企事业单位对工会劳动保护监督检查委员会的工作应给予支持，并提供相应的工作条件。对阻挠监督检查工作的单位和个人，有权要求有关部门严肃处理。

第八条 上级工会组织支持基层工会劳动保护监督检查委员会的工作，对工作成绩显著的劳动保护监督检查委员会给予表彰和奖励。

第九条 本条例解释权属中华全国总工会。

第十条 本条例自颁布之日起实施。

3. 工会小组劳动保护检查员工作条例

（总工发〔2001〕16 号　2001 年 12 月 31 日）

第一条 为保障国家劳动安全卫生法律法规及企事业规章制度落实到班组，发挥职工劳动保护监督检查作用，制定本条例。

第二条 在工、交、财贸、基本建设等行业的企事业生产班组中，设立工会小组劳动保护检查员。工会小组劳动保护检查员经民主推选产生，在基层工会劳动保护监督检查委员会领导下工作。

第三条 工会小组劳动保护检查员应具有一定的劳动安全卫生知识，敢于坚持原则，责任心强。

第四条 工会小组劳动保护检查员的职权。

（一）协助班组长落实国家劳动安全卫生法律法规及企事业规章制度，

创建安全生产合格班组。

（二）查询工作场所存在的职业危害和企事业单位相应的防范措施。

（三）督促和协助班组长对本班组人员进行安全教育，提高安全生产意识和技术技能。

（四）制止违章指挥、违章作业。

（五）对生产设备、防护设施、工作环境进行监督检查，发现隐患及时报告，督促解决。

（六）发现明显危及职工生命安全的紧急情况时，应立即报告，并组织职工采取必要的避险措施。

（七）发生伤亡事故，迅速参加抢险、急救工作，协助保护事故现场，并立即上报。

（八）监督企事业单位提供符合国家规定的劳动条件、按规定发放个体防护用品。向企事业单位提出不断改善劳动条件和作业环境的建议。

（九）因进行正常监督检查活动而受到打击报复时，有权上告，要求严肃处理。

第五条　工会组织对工会小组劳动保护检查员的工作应予以支持。对做出贡献的工会小组劳动保护检查员，上级工会组织给予表彰和奖励。

第六条　本条例解释权属中华全国总工会。

第七条　本条例自颁布之日起实施。

4. 企业民主管理规定

（总工发〔2012〕12 号　2012 年 2 月 13 日）

第一章　总　则

第一条　为完善以职工代表大会为基本形式的企业民主管理制度，推进厂务公开，支持职工参与企业管理，维护职工合法权益，构建和谐劳动关系，促进企业持续健康发展，加强基层民主政治建设，依据宪法和相关法律制定本规定。

第二条 企业民主管理工作应当坚持党的领导，以邓小平理论和"三个代表"重要思想为指导，深入贯彻落实科学发展观，坚定不移地贯彻落实党的全心全意依靠工人阶级的根本指导方针。

企业党组织应当加强对民主管理工作的领导和支持。

第三条 职工代表大会（或职工大会，下同）是职工行使民主管理权力的机构，是企业民主管理的基本形式。

企业应当按照合法、有序、公开、公正的原则，建立以职工代表大会为基本形式的民主管理制度，实行厂务公开，推行民主管理。公司制企业（以下简称公司）应当依法建立职工董事、职工监事制度。

企业应当尊重和保障职工依法享有的知情权、参与权、表达权和监督权等民主权利，支持职工参加企业管理活动。

第四条 企业职工应当尊重和支持企业依法行使管理职权，积极参与企业管理。

第五条 企业工会应当组织职工依法开展企业民主管理，维护职工合法权益。

上级工会应当指导和帮助企业工会和职工依法开展企业民主管理活动，对企业实行民主管理的情况进行监督。

第六条 企业代表组织应当推动企业实行民主管理，促进企业健康发展。

第七条 各级党委纪检部门、组织部门，各级人民政府国有资产监督管理机构和监察机关等有关部门应当依照各自职责，对企业民主管理工作进行指导、检查和监督。

第二章　职工代表大会制度

第一节　职工代表大会组织制度和职权

第八条 企业可以根据职工人数确定召开职工代表大会或者职工大会。

　　企业召开职工代表大会的，职工代表人数按照不少于全体职工人数的百分之五确定，最少不少于三十人。职工代表人数超过一百人的，超出的代表人数可以由企业与工会协商确定。

　　第九条　职工代表大会的代表由工人、技术人员、管理人员、企业领导人员和其他方面的职工组成。其中，企业中层以上管理人员和领导人员一般不得超过职工代表总人数的百分之二十。有女职工和劳务派遣职工的企业，职工代表中应当有适当比例的女职工和劳务派遣职工代表。

　　第十条　职工代表大会每届任期为三年至五年。具体任期由职工代表大会根据本单位的实际情况确定。

　　职工代表大会因故需要提前或者延期换届的，应当由职工代表大会或者其授权的机构决定。

　　第十一条　职工代表大会根据需要，可以设立若干专门委员会（小组），负责办理职工代表大会交办的事项。专门委员会（小组）成员人选必须经职工代表大会审议通过。

　　第十二条　职工代表按照基层选举单位组成代表团（组），并推选团（组）长。可以设立职工代表大会团（组）长和专门委员会（小组）负责人联席会议，根据职工代表大会授权，在职工代表大会闭会期间负责处理临时需要解决的重要问题，并提请下一次职工代表大会确认。

　　联席会议由企业工会负责召集，联席会议可以根据会议内容邀请企业领导人员或其他有关人员参加。

　　第十三条　职工代表大会行使下列职权：

　　（一）听取企业主要负责人关于企业发展规划、年度生产经营管理情况，企业改革和制定重要规章制度情况，企业用工、劳动合同和集体合同签订履行情况，企业安全生产情况，企业缴纳社会保险费和住房公积金情况等报告，提出意见和建议；

　　审议企业制定、修改或者决定的有关劳动报酬、工作时间、休息休假、劳动安全卫生、保险福利、职工培训、劳动纪律以及劳动定额管理等直接涉及劳动者切身利益的规章制度或者重大事项方案，提出意见和建议；

　　（二）审议通过集体合同草案，按照国家有关规定提取的职工福利基金使用方案、住房公积金和社会保险费缴纳比例和时间的调整方案，劳动模范的推荐人选等重大事项；

（三）选举或者罢免职工董事、职工监事，选举依法进入破产程序企业的债权人会议和债权人委员会中的职工代表，根据授权推荐或者选举企业经营管理人员；

（四）审查监督企业执行劳动法律法规和劳动规章制度情况，民主评议企业领导人员，并提出奖惩建议；

（五）法律法规规定的其他职权。

第十四条　国有企业和国有控股企业职工代表大会除按第十三条规定行使职权外，行使下列职权：

（一）听取和审议企业经营管理主要负责人关于企业投资和重大技术改造、财务预决算、企业业务招待费使用等情况的报告，专业技术职称的评聘、企业公积金的使用、企业的改制等方案，并提出意见和建议；

（二）审议通过企业合并、分立、改制、解散、破产实施方案中职工的裁减、分流和安置方案；

（三）依照法律、行政法规、行政规章规定的其他职权。

第十五条　县级以下一定区域内或者性质相近的行业内的若干尚不具备单独建立职工代表大会制度条件的中小企业，可以通过选举代表联合建立区域（行业）职工代表大会制度，开展企业民主管理活动。

工会负责组织建立区域（行业）职工代表大会制度。区域（行业）工会作为区域（行业）职工代表大会的工作机构承担日常工作。

第十六条　集团企业的总部机关和各分公司、分厂、车间以及其他分支机构可以按照一定比例选举产生职工代表，召开集团企业职工代表大会，实行企业民主管理。

集团企业的总部机关和各分公司、分厂、车间以及其他分支机构，按照本规定建立职工代表大会制度，在各自的职权范围内分别开展民主管理活动。

第二节　职工代表大会工作制度

第十七条　职工代表大会每年至少召开一次。职工代表大会全体会议必须有三分之二以上的职工代表出席。

第十八条　职工代表大会议题和议案应当由企业工会听取职工意见后与企业协商确定，并在会议召开七日前以书面形式送达职工代表。

第十九条　职工代表大会可以设主席团主持会议。主席团成员由企业工会与职工代表大会各团（组）协商提出候选人名单，经职工代表大会预备会议表决通过。其中，工人、技术人员、管理人员不少于百分之五十。

第二十条　职工代表大会选举和表决相关事项，必须按照少数服从多数的原则，经全体职工代表的过半数通过。对重要事项的表决，应当采用无记名投票的方式分项表决。

第二十一条　职工代表大会在其职权范围内依法审议通过的决议和事项具有约束力，非经职工代表大会同意不得变更或撤销。

企业应当提请职工代表大会审议、通过、决定的事项，未按照法定程序审议、通过或者决定的无效。

第二十二条　企业工会委员会是职工代表大会的工作机构，负责职工代表大会的日常工作，履行下列职责：

（一）提出职工代表大会代表选举方案，组织职工选举职工代表和代表团（组）长；

（二）征集职工代表提案，提出职工代表大会议题的建议；

（三）负责职工代表大会会议的筹备和组织工作，提出职工代表大会的议程建议；

（四）提出职工代表大会主席团组成方案和组成人员建议名单；提出专门委员会（小组）的设立方案和组成人员建议名单；

（五）向职工代表大会报告职工代表大会决议的执行情况和职工代表大会提案的办理情况、厂务公开的实行情况等；

（六）在职工代表大会闭会期间，负责组织专门委员会（小组）和职工代表就企业职工代表大会决议的执行情况和职工代表大会提案的办理情况、厂务公开的实行情况等，开展巡视、检查、质询等监督活动；

（七）受理职工代表的申诉和建议，维护职工代表的合法权益；

（八）向职工进行民主管理的宣传教育，组织职工代表开展学习和培训，提高职工代表素质；

（九）建立和管理职工代表大会工作档案。

第三节　职工代表的产生和权利义务

第二十三条　与企业签订劳动合同建立劳动关系以及与企业存在事实劳动关系的职工，有选举和被选举为职工代表大会代表的权利。

依法终止或者解除劳动关系的职工代表，其代表资格自行终止。

第二十四条　职工代表应当以班组、工段、车间、科室等为基本选举单位由职工直接选举产生。规模较大、管理层次较多的企业的职工代表，可以由下一级职工代表大会代表选举产生。

第二十五条　选举、罢免职工代表，应当召开选举单位全体职工会议，会议应有三分之二以上职工参加。选举、罢免职工代表的决定，应经全体职工的过半数通过方为有效。

第二十六条　职工代表实行常任制，职工代表任期与职工代表大会届期一致，可以连选连任。

职工代表出现缺额时，原选举单位应按规定的条件和程序及时补选。

第二十七条　职工代表向选举单位的职工负责并报告工作，接受选举单位职工的监督。

第二十八条　职工代表享有下列权利：

（一）选举权、被选举权和表决权；

（二）参加职工代表大会及其工作机构组织的民主管理活动；

（三）对企业领导人员进行评议和质询；

（四）在职工代表大会闭会期间对企业执行职工代表大会决议情况进行监督、检查。

第二十九条　职工代表应当履行下列义务：

（一）遵守法律法规、企业规章制度，提高自身素质，积极参与企业民主管理；

（二）依法履行职工代表职责，听取职工对企业生产经营管理等方面的意见和建议，以及涉及职工切身利益问题的意见和要求，并客观真实地向企业反映；

（三）参加企业职工代表大会组织的各项活动，执行职工代表大会通过的决议，完成职工代表大会交办的工作；

（四）向选举单位的职工报告参加职工代表大会活动和履行职责情况，接受职工的评议和监督；

（五）保守企业的商业秘密和与知识产权相关的保密事项。

第三十条　职工代表履行职责受法律保护，任何组织和个人不得阻挠和打击报复。

职工代表在法定工作时间内依法参加职工代表大会及其组织的各项活动，企业应当正常支付劳动报酬，不得降低其工资和其他福利待遇。

第三章　厂务公开制度

第三十一条　企业应当建立和实行厂务公开制度，通过职工代表大会和其他形式，将企业生产经营管理的重大事项、涉及职工切身利益的规章制度和经营管理人员廉洁从业相关情况，按照一定程序向职工公开，听取职工意见，接受职工监督。

第三十二条　企业主要负责人是实行厂务公开的责任人。企业应当建立相应机构或者确定专人负责厂务公开工作。

第三十三条　企业实行厂务公开应当遵循合法、及时、真实、有利于职工权益维护和企业发展的原则。

实行厂务公开应当保守企业商业秘密以及与知识产权相关的保密事项。

第三十四条　企业应当向职工公开下列事项：

（一）经营管理的基本情况；

（二）招用职工及签订劳动合同的情况；

（三）集体合同文本和劳动规章制度的内容；

（四）奖励处罚职工、单方解除劳动合同的情况以及裁员的方案和结果，评选劳动模范和优秀职工的条件、名额和结果；

（五）劳动安全卫生标准、安全事故发生情况及处理结果；

（六）社会保险以及企业年金的缴费情况；

（七）职工教育经费提取、使用和职工培训计划及执行的情况；

（八）劳动争议及处理结果情况；

（九）法律法规规定的其他事项。

第三十五条 国有企业、集体企业及其控股企业除公开第十三条、第十四条和第三十四条规定的相关事项外，还应当公开下列事项：

（一）投资和生产经营管理重大决策方案等重大事项，企业中长期发展规划；

（二）年度生产经营目标及完成情况，企业担保，大额资金使用、大额资产处置情况，工程建设项目的招投标，大宗物资采购供应，产品销售和盈亏情况，承包租赁合同履行情况，内部经济责任制落实情况，重要规章制度制定等重大事项；

（三）职工提薪晋级、工资奖金收入分配情况；专业技术职称的评聘情况；

（四）中层领导人员、重要岗位人员的选聘和任用情况，企业领导人员薪酬、职务消费和兼职情况，以及出国出境费用支出等廉洁自律规定执行情况，职工代表大会民主评议企业领导人员的结果；

（五）依照国家有关规定应当公开的其他事项。

第四章　职工董事和职工监事制度

第三十六条 公司制企业应当依法建立职工董事和职工监事制度，支持职工代表大会选举产生的职工代表作为董事会、监事会成员参与公司决策、管理和监督，代表和维护职工合法权益，促进企业健康发展。

第三十七条 公司应当依法在公司章程中明确规定职工董事、职工监事的具体比例和人数。

第三十八条 职工董事、职工监事候选人由公司工会根据自荐、推荐情况，在充分听取职工意见的基础上提名，经职工代表大会全体代表的过半数通过方可当选，并报上一级工会组织备案。

工会主席、副主席应当作为职工董事、职工监事候选人人选。

第三十九条 公司高级管理人员和监事不得兼任职工董事；公司高级

管理人员和董事不得兼任职工监事。

　　第四十条　职工董事、职工监事的任期与公司其他董事、监事的任期相同，可以连选连任。

　　第四十一条　职工董事、职工监事不履行职责或者有严重过错的，经三分之一以上的职工代表联名提议，职工代表大会全体代表的过半数通过可以罢免。

　　职工董事、职工监事出现空缺时，由公司工会依照本规定第三十八条的规定提出替补人选，提请职工代表大会民主选举产生。

　　第四十二条　职工董事依法行使下列权利：

　　（一）参加董事会会议，行使董事的发言权和表决权；

　　（二）就涉及职工切身利益的规章制度或者重大事项，提请召开董事会会议，反映职工的合理要求，维护职工合法权益；

　　（三）列席与其职责相关的公司行政办公会议和有关生产经营工作的重要会议；

　　（四）要求公司工会、公司有关部门和机构通报有关情况并提供相关资料；

　　（五）法律法规和公司章程规定的其他权利。

　　第四十三条　职工监事依法行使下列权利：

　　（一）参加监事会会议，行使监事的发言权和表决权；

　　（二）就涉及职工切身利益的规章制度或者重大事项，提议召开监事会会议；

　　（三）监督公司的财务情况和公司董事、高级管理人员执行公司职务的行为；监督检查公司对涉及职工切身利益的法律法规、公司规章制度贯彻执行情况；劳动合同和集体合同的履行情况；

　　（四）列席董事会会议，并对董事会决议事项提出质询或者建议；列席与其职责相关的公司行政办公会议和有关生产经营工作的重要会议；

　　（五）要求公司工会、公司有关部门和机构通报有关情况并提供相关资料；

　　（六）法律法规和公司章程规定的其他权利。

第四十四条 职工董事、职工监事应当履行下列义务：

（一）遵守法律法规，遵守公司章程及各项规章制度，保守公司秘密，认真履行职责；

（二）定期听取职工的意见和建议，在董事会、监事会上真实、准确、全面地反映职工的意见和建议；

（三）定期向职工代表大会述职和报告工作，执行职工代表大会的有关决议，在董事会、监事会会议上，对职工代表大会作出决议的事项，应当按照职工代表大会的相关决议发表意见，行使表决权；

（四）法律法规和公司章程规定的其他义务。

第四十五条 公司应当保障职工董事、职工监事依照法律法规和公司章程开展工作，为职工董事、职工监事履行职责提供必要的工作条件。

第四十六条 职工董事、职工监事在任职期间，除法定情形外，公司不得与其解除劳动合同。

第四十七条 职工董事、职工监事与公司的其他董事、监事享有同等的权利，承担相应的义务。

第五章 附 则

第四十八条 各地区、各有关部门和各企业根据本规定制定实施办法，推进企业民主管理工作。

第四十九条 集体企业依照《城镇集体所有制企业条例》等有关法律法规规定实行民主管理。

第五十条 本规定自发布之日起施行。

中共中央纪委	中共中央组织部
国务院国有资产监督管理委员会	监 察 部
中华全国总工会	中华全国工商业联合会

2012 年 2 月 13 日